영어필사책
| 행복을 시현하다

아우레오 배 (AUREO BAE)
한국 이름은 시현. 호주 이름은 아우레오. 한국에서 태어나, 호주에서 청년기를 보냈다. 다양한 분야를 공부했고 꽤 많은 직업을 가졌지만 영어를 못하는 사람을 영어를 잘하는 사람으로 만드는 일에서 가장 큰 보람을 느껴 그 일을 온라인 영어학원 OREX를 설립해 세계 곳곳에서 시현하고 있다. 베스트셀러 《영어책》,《부자의 111가지 생각하는 법》,《영어필사책2》,《죽어도 살자》 등의 작가다.

@TheBookofEnglish
OREX
blog.naver.com/aureobae

영어필사책

행복을 시현하다

AUREO BAE

영어필사책

행복을 시현하다

AUREO BAE

목차

행복을 시현하다	8
들어가는 글	12
왜 필사인가?	18
행복으로 가는 길	24
감사의 말씀	29
개정판 서문	31

CHAPTER 1

Prime
행복한 삶을 그리기 위한 밑작업   33

CHAPTER 2

Paint
행복한 생각 그리기   117

CHAPTER 3

Varnish
행복한 생각 굳히기   205

행복을 시현하다

Happiness is the course of life, not a destination. It's your attitude towards everyday choices. It's how you react to the things happening to you. It's not a goal. It's your mindset.

행복은 목적지가 아니라 과정입니다. 행복은 삶을 받아들이는 자세에요. 당신 주위에서 일어나는 일들에 어떻게 반응하느냐가 행복입니다. 행복은 목표가 아니에요. 행복은 마음가짐입니다.

행복은 숫자가 아니라 질입니다. 가격이 비싼 집에 산다고 더 행복하지 않아요. 가격이 비싼 차를 산다고 인생이 더 행복해지지 않습니다. 가격으로 등급을 매겨 판단하면 행복한 삶을 즐기기 어려워요. 사회가 정의하는 '성공'을 좇느라 일상의 아름다움을 알아보지 못한다면 삶은 불안과 불행으로 가득 차게 됩니다. 행복한 사람은 밖을 내다보지 않고, 자신이라는 안을 먼저 들여봅니다. 행복한 사람은 자신을 알고, 자신의 만족을 위해 선택해요. 진정한 성공은 자신이 원하는 삶을 얻어내는 것입니다.

행복은 무엇을 갖추어야 가질 수 있는 것이 아니라, 무엇을 가졌건 무엇을 타고났건 행복할 수 있는 마음가짐입니다.

행복은 물건이 아닙니다. 행복은 세상을 바라보는 눈이지요.

행복은 생각하는 법입니다. 불행한 생각을 하는 사람은 불행한 삶을 살고, 행복한 생각을 하는 사람은 행복한 삶을 살아요. 생각은 전적으로 당신의 선택입니다. 생각은 글쓰기로 바꿀 수 있어요. 생각을 글로 쓰는 게 어렵다면, 당신을 행복하게 만드는 생각을 따라 써 보세요. 인생은 이렇게 바뀝니다.

당신이 원하는 인생을 이룰 수 있습니다. 그 꿈을 잊지 않고 이룰 때까지 시도하면 이뤄져요. 자립을 꿈꾸면 자립을 이룰 수 있고, 행복한 회사를 만들고 싶으면 만들 수 있고, 베스트셀러 작가가 되고 싶으면 될 수 있고, 영어로 그 어떤 생각이든 세련되게 말할 수 있는 사람이 되고 싶으면 그렇게 될 수 있습니다. 꿈을 이루는 방법은 아래와 같습니다.

첫 번째는 상상하는 것입니다. 꿈꾸는 사람이 삶을 바꿀 수 있어요. 영어에서 상상력Imagination은 취향을 넘어 안목을 뜻하는 **Taste**와 동의어이고, 안목이 좋은 사람은 만족스러운Content 삶을 삽니다. 탁월한 선택을 하기 때문입니다.

두 번째는 꿈과 계획을 종이에 손과 펜으로 쓰는 것입니다. 이는 꿈이라는 머릿속 막연한 상상을 현실 세계로 소환하는 과정이에요. 마음속 깊이 원하는 것을 종이에 손으로 쓰고 그를 이루기 위해 모르는 것을 배우고 필요한 행동을 하다 보면 어느새 꿈이 현실이 되어 있습니다. 이 신기한 경험을 한 사람들은 저뿐만이 아닙니다.

세 번째는 생각을 다르게 해보려고 애쓰는 것입니다. 불행하고 불만족한 삶을 사는 이유는 그렇게 생각했기 때문이에요. 가난도 가난하게 생각하기 때문에 가난합니다. 부자는 돈 없이 시작해도 부자가 됩니다. 돈이 부자를 만드는 게 아니라 생각이 부자를 만들어요. 가난하고 불행한 사람들은 해보지도 않고 핑계를 댑니다. 돈이 있어서 무엇을 할 수 있는 게 아니라, 무엇을 할 수 있는 마음가짐이 있기 때문에 이룰 수 있어요. 생각을 바꾸면 인생이 바뀝니다. 행복은 생각이니까요.

생각의 도구는 언어입니다. 언어는 언어마다 다른 사고방식을 지녔습니다. 한국어는 한국의 사고방식을, 영어는 세계의 사고방식을 지녔어요. 한국어에 있는 단어들이 영어에 없기도 하고, 영어에는 있는 단어들이 한국어에 없기도 합니다. 결정적으로 진정한 행복을 구분할 단어가 한국어에 없는데 영어에 있습니다. 생각하는 법으로서의 영어, 진정한 영어를 배우면 생각이 넓어집니다. 세상을 보는 시야가 넓어져요. 인식이 확장됩니다. 당신이 어떻게 하면 행복할 수 있는지 알게 됩니다.

해가 뜹니다. 밝게 빛나는 나뭇잎을 보는 시선이 있고, 바닥의 그림자를 보는 시선이 있어요. 행복을 바라보는 눈은 반짝이는 나뭇잎을 보는 눈입니다. 불행한 눈은 바닥을 내려다보며 어둡다고 합니다. 그러나 자연엔 언제나 빛과 어둠이 딱 맞는 균형으로 공존합니다. 무엇을 보는지는 당신의 선택이에요.

얼마 전 저는 태어나 처음 독감에 걸려 죽을 듯 아팠습니다. 삼일을 한 끼도 못 먹었고, 오한에 떨며 잠도 못 잤습니다. 그러면서도 수업은 전부 해냈습니다. 당장의 고통에 집중하여 이러다 죽을 것 같았습니다. 그런데 이를 겪어본 친구가 '이제 곧 나을 거야'라고 희망을 제 머릿속에 불어넣어 주자 저는 금방 나을 수 있었어요. 우리나라는 지금 위기를 겪고 있습니다. 인생을 숫자로 보는 잘못된 사고방식과 좁은 인식으로 초래한 결과인 것 같아요. 위기는 재탄생할 수 있는 기회입니다. 더 높이 날아오를 수 있는 절호의 기회입니다. 희망의 씨앗을 이 책으로 심습니다.

우리의 희망은 배우려고 하는 당신입니다.

“
행복은 생각하는 방식이다.
”

들어가는 글

영어를 배워서 얻는 가장 큰 가치는 세상과 인생을 보는 시야가 넓어지는 것입니다.

부자는 많이 아는 사람입니다. 영어는 인류의 모든 지식을 열람할 수 있는 위대한 도구입니다. 행복한 사람은 행복하게 생각하는 사람입니다. 영어를 제대로 하면 한국에서는 상상도 못할 부와 행복을 가질 수 있습니다. 왜냐하면 한국 시장은 작은데 저출산으로 더 작아지고 있고, 영어는 한국어에 없는 단어들로 다르게 생각할 수 있기 때문입니다. 앞으로 60년, 세상이 크게 변할 예정입니다. 한국인은 세계로 가야만 살아남을 수 있어요.

사람과 대화를 나누면 깨닫는 바가 있습니다. 그 사람의 생각이 그가 쓰는 언어로 드러나는 점입니다. 언어는 곧 생각이며, 인식이고, 그릇입니다. 그리고 그 사람의 인생은 그가 쓰는 언어만큼입니다.

행복은 나를 앎에 근본 합니다. 당신의 앎은 당신의 언어까지입니다. 당신이 아는 언어의 한계가 당신의 앎의 한계입니다. 그래서 유럽의 중산층 기준은 외국어를 여러 개 할 수 있느냐예요. 한국만 자산으로 평가합니다.

제가 알았던 세상이라는 울타리와 삶의 방식은 그 알을 깨고 나오면서 깨졌습니다. 한국이라는 세상과 한국의 문화는 거대한 세상의 극히 작은 일부입니다. 세계의 기준과 한국의 기준은 다릅니다. 삶을 보는 시선부터 달라요. 저는 한국에서 자라며 행복하지 않았습니다. 제 영혼의 이름을 알지 못했어요. 열여덟, 그 알을 깨고 나와 세상으로 나와보곤 깨달았습니다. 저에겐 날개가 있었고 그 날개로 날아갈 목적지가 있다는 것을.

부와 가난이 대물림되곤 하는 이유는 부모의 생각이 언어로 물려지기 때문입니다. 아이들은 자신의 보호자가 자주 하는 말을 따라 합니다. 그렇게 어떤 현상을 보고 인식하고 반응하는 방식을 따라 하며 배웁니다. 당신은 당신이 자주 소통하는 다섯 명의 평균인 이유는 그들과 같은 언어를 쓰기 때문입니다. 같은 언어는 곧 같은 생각이에요. 그래서 '말이 통한다'는 한국어 숙어는 영어 숙어로 '**Speak the same language**'입니다. 한국어라는 언어 안에서도 우리는 사람마다 다른 언어로 생각하고 소통합니다. 저는 계층을 업그레이드하며 친구들이 바뀌었습니다. 하위층과 상류층은 말이 통하지 않습니다. 언어가 다르고 생각하는 방식이 다릅니다. 그런데 언어와 생각하는 방식을 바꾸면 그에 걸맞은 계층이 되더군요.

그래서 저는 최고의 교육에 목말랐습니다. 최고의 교육이란 곧 그 생각을 배우는 것, 원하는 삶을 살 힘을 가진 사람들의 '언어'를 배우는 것, 당신이 살고 싶은 인생을 살고 있는 사람들과 친구가 되는 것입니다. 경제학을 공부하며 부자는 부자만의 언어를 쓰는 것을 깨달았습니다. 상경계 사람들은 그들만의 특별한 언어로 소통합니다. 그래서 그 특정한 단어들을 말하면, **"You've learned the terms (language)"**라고 해요. 호주 최고의 대학교에 갔더니 친구들이 모두 예로부터 부자인 가문의 자제들입니다. 그들은 제가 쓰는 언어로 **Self-made** (자수성가)인지 **Old money** (대대로 부자)인지 알아봤습니다. 갑자기 돈만 많아진 졸부의 언어가 아니라, 대대로 부자였고 앞으로도 부자일 사람들의 언어와 생각하는 방식을 직감으로 구분해 배웠어요. 실수를 많이 했고 그를 통해 배웠습니다. 당신은 그러지 말라고 저의 여러 책으로 지혜를 전합니다.

제가 살아온 호주는 최신 나라입니다. 사회 기반적 하드웨어뿐만이 아니라 문화라는 소프트웨어가 성숙한 나라입니다. 개인이 세상 걱정 없이 살아갈 수 있는 행복한 나라예요. (정치인이 청렴합니다. 모든 의미 있는 성공의 기본이 정직Integrity이듯, 기본이 된 나라입니다.) 어울리는 사람들이 누구냐에 따라 경험이 무척 다르겠지만, 살아보면 압니다. 호주가 '인종차별이 심하다'던가 '죄수들이 이주해 만들어진 나라'라고 생각한다면 당신은 아직 세상을 보는 시야가 아주 좁다는 증거입니다. 인간 사회는 어디나 비슷해요. 도가 지나친 인간은 어디나 있습니다. 자신의 무지를 타인에게 전가하지 않아야 합니다. 아는 만큼 보이는 법입니다. <이코노미스트>지는 매년 꼽는 세계에서 가장 살기 좋은 도시로 호주 멜번을 1위에 해마다 연이어 선정했습니다. 이보다 더 살기 좋은 곳은 없다는 말이지요. 가끔 오스트리아 비엔나가 1위를 하는데, 그곳은 독일어를 씁니다.

호주의 수출 품목 중 하나는 교육입니다. 저는 호주에서 여러 곳의 대학을 다녔어요. 대학교 학비와 생활비는 한국에서 자란 사람의 상상을 초월했습니다. 저희 가족은 저의 좋은 교육을 위해 함께 노력했고, 열여덟이었던 저는 유일한 기술이었던 사진으로 사업을 했습니다. 독특한 스타일과 수많은 친구들의 도움으로 금세 현지에서 인정을 받았어요. 사진을 매개체로 세계의 다채로운 사람들과 친밀한 대화를 나눌 수 있게 되었습니다. 세계 곳곳의 사람들과 친구가 되는 경험은 제 삶의 비옥한 토양이 되었어요.

다양한 문화의 사람들을 만나며 놀라는 점은 여러 가지입니다. 일어난 일을 보고 한국인은 이렇게 했을 반응을 다른 문화의 사람들은 다르게 반응해요. 언어가 다르니 그 언어가 담는 생각하는 법이 다릅니다. 그들이나 우리나 인간이라는 육신을 타고나 비슷한 인간의 시간을 살다 가는데, 남들이 맞다고 생각하는 길이 아니라 나에게 맞는 길을 찾아 살 수 있음을 알게 되었어요. 새로운 언어를 배우니 세상과 인생을 보는 내 시야가 넓어지는 정도가 아니라 새로운 차원의 문이 열렸습니다. 새로운 언어 안에서도 새로운 단어를 배울 때마다 내 인식이 확장되었어요. 이 짜릿한 배움의 기쁨을 알게 되어 영어 책 수천 권을 읽었습니다. 그리고 제 존재의 목적에 대해 확실한 답을 내릴 수 있게 되었어요. 나를 앎은 곧 나만의 진정한 행복으로 가는 문입니다.

이 책을 통해 당신께 보여드리고 싶은 세상은 이런 것입니다. 영어는 유럽 언어들로 이루어져 서로 연결되어 있는 반면, 한국어는 르네상스맨 세종대왕께서 창제하여 다른 언어들과 연결고리가 없습니다. 한국어는 고립어예요. 언어의 고립은 문화의 고립이고, 문화는 삶의 방식이자 사고방식이므로 삶의 한계로 이어집니다. 제한된 삶은 불행할 수밖에 없어요. 행복할 수 있는 가능성을 모르고 살기 때문입니다. 한국어에는 영어에는 있는 단어들이 없습니다. 언어의 한계로 인해 한국어만 할 줄 아는 사람은 생각에도 한계를 지녀요. 그리하여 우리는 '행복'을 헷갈려 하고, '정직'을 경시하며 일하고, '원조'가 되는 무언가를 창조해 내기보다는 베끼고, '보람'을 찾기보다는 돈을 많이 벌면 더 행복할 것이라고 협소한 사고로 잘못 판단합니다. 이 모두가 한국어의 한계 때문에 일어나는 일들입니다. 생각이 넓어지면 행복하지 않을 수가 없고, 부자가 되지 않을 수가 없어요. 희망과 방법이 보이기 때문입니다.

강남의 부자 아파트에 가면 주민들이 서로 인사도 하지 않고 이웃을 배려해 주지도 않습니다. 서울의 가장 비싼 오피스텔에서는 이웃들이 엘리베이터도 같이 타지 않아요. 비싼 차를 탄다고 인생의 등급이 올라가진 않습니다. 이게 행복일까요?

물질로 얻을 수 있는 것은 '행복'이 아닙니다. 물질로 얻는 만족은 영어로 **Satisfy**라 합니다. 이는 도파민이고, 행복이 아니라 쾌락이며, 중독될 수 있어요. 외부로부터 얻는 도파민은 아무리 많아도 결코 행복할 수 없기 때문입니다. 최악의 도파민은 담배와 마약입니다. 좋은 도파민은 내부에서 생성하는 도파민인 음악과 운동이에요. 정신적인 그리고 영적인 만족을 뜻하는 영어는 **Content**입니다. 이는 세로토닌이고, 진정한 행복이지요. 세로토닌은 사람들과의 관계 속에서 만들어집니다.

세련됨은 우월함이 아닙니다. 세련됨은 관계를 행복하게 다루는 언어와 행동이에요. 비싼 집에 사는 게 행복을 주는 게 아니라, 이웃과 친절과 배려를 나누는 데서 행복을 느낍니다. 비싼 차를 타서 행복한 게 아니라, 선택지가 늘어나서 기쁩니다. 행복한 집은 엘리베이터에서 이웃을 마주쳤을 때 서로 인사를 하는 집이에요. 연봉이 높은 직업이 행복을 주는 게 아니라, 내가 보람과 영적인 만족을 느끼는 일이 날 행복하게 합니다. 행복과 친절은 전염돼요. 누군가 먼저 시작하고, 많은 사람들이 따라 하면 문화가 됩니다. 언어도 그렇게 생겨나고 사라져요. 영어의 '세련'의 동의어는 성숙입니다. 양이 아니라 질이지요.

우리는 영어를 공부했지만 영어를 모릅니다. 실제로 쓰이는 영어를 배운 게 아니라, 독해와 시험만을 위한 영어를 공부했기 때문이고, 내국인 영어 선생님들이 잘못 알고 가르쳤기 때문이에요. (제 제자 중에는 영어선생님이 꽤 계시는데, 영어교육 전공자들은 영어 초보와 똑같이 수업해야 할 정도로 영어를 잘못 알고 있습니다.) 그리하여 외국에 살러 간 사람들은 입시 영어가 도움이 되지 않음을 깨닫습니다. 이를 바로잡고자 《영어책》을 썼어요.

한국인은 지금 불행합니다. 불행한 이유는 불행하게 생각하기 때문이에요. 한국 공교육에서 사람을 1등급부터 9등급으로 나누는 것부터 잘못 배웠습니다. 인생은 등급이 아닙니다. 그렇지만 우리는 필요한 건 다 가졌어요. 우리에겐 깨끗한 물도 있고, 한식도 있고, 밤에도 안전하고, 의료시스템도 좋고, 하고 싶은 일을 할 수 있는 자유도 있습니다. 우리는 행복할 수 있어요. 생각을 달리하면 행복할 수 있습니다. 위기는 두렵지 않아요, 더 높이 날아오를 기회니까요.

세종대왕께서 말씀하시길, **"그대의 자질은 아름답다. 그런 자질을 가지고 아무것도 하지 않겠다 해도 내 뭐라 할 수 없지만, 그대가 만약 온 마음과 힘을 다해 노력한다면 무슨 일인들 해내지 못하겠는가."**

- 세종 22년 (1440) 7월 21일 -

광화문의 '광화'의 의미는 어진 왕의 앎으로 세상을 널리 비추어 사람들을 좋은 길로 이끈다는 뜻입니다. 넓은 세상을 공부하며 깨달은 저의 존재의 목적 또한 이와 결을 함께 합니다. 이 책이 담은 행복한 생각이 당신의 삶에 빛을 비추길 희망합니다.

이 책의 원래 이름은 HOPE였습니다. 우리의 희망은 배움에 대한 갈망입니다. 우리는 배우려고 하기 때문에 잘될 거예요.

이 책의 모든 글은 영어와 한국어 모두 작가인 제가 썼습니다. 독창력 Originality이 한국에 얼마나 부족하면 《영어책》도 명언 따위를 모아놓은 책으로 오해를 받았는지. 영어는 운동입니다. 진득하게 몰입하면 자연히 습득합니다. 지혜로운 부모의 자식이 지혜로운 어른이 되듯, 지혜로운 영어를 따라 배우면 지혜로운 사람이 됩니다. 언어는 생각이고, 생각은 언어입니다.

아우레오 배
2023년 가을의 광화문에서

왜 필사인가?

생각의 힘이 강한 사람은 세상의 풍파에 흔들리지 않습니다.

몸의 힘을 기르는 방법은 무게를 반복적으로 드는 것이듯, 머리의 힘을 기르는 방법은 글을 읽고 쓰는 것입니다.

글을 쓰는 것은 고통입니다. 그러나 그 고통에는 이를 상쇄하고도 남을 훌륭한 보상이 따라옵니다. 바로 내가 원하는 것은 무엇이든 이룰 수 있는 힘, 내 삶을 내가 원하는 대로 살 수 있는 힘, 삶이라는 선물 받은 시간에서 최선의 만족을 이끌어낼 수 있는 힘입니다. 글 쓰는 사람은 삶의 통제권을 쥘 수 있습니다.

몸을 움직이는 사람은 녹슬지 않듯, 글 쓰는 사람의 머리는 시간이 쌓일수록 더 좋아집니다. 글씨를 쓰는 행위는 눈과 손의 협연입니다.

배움은 즐겁고 쉽습니다. 저는 중학교까지 영어 단어도 몰랐어요. 고등학교를 호주에서 다니며 영어를 수석 했는데 (영문학 작품을 영어로 공부해 영어로 에세이를 써 냈습니다.), 다른 아이들은 그렇게 질문을 많이 하고도 다들 낮은 점수를 받았는데 아우레오는 질문 하나 없이 어떻게 이런 글을 써 냈냐고 선생님이 놀라워하셨어요. 전 영어를 '공부'하지 않고, '배웠'기 때문이에요. 언어는 상황과 문맥에서 어떤 말을 하는지를 보고 직관으로 안 다음 그 말을 따라 하며 배웁니다. 영어는 1년 내에 졸업할 수 있습니다. 제 수업 통계로 자신 있게 말할 수 있습니다. 의지만 있으면 됩니다. 중요한 건 교육 방식입니다.

필사책을 내는 데엔 고민이 많았습니다. 기존의 《영어책》을 공책만 하나 사다 옮겨 쓰면 그게 필사인데, 굳이 필사라는 목적을 위한 책을 따로 만들어야 하나 고민했어요. 그러나 직접 필사를 하려고 보니, 적당한 길이에 글씨를 쓰는 재미도 느끼면서 그 글을 따라 쓰며 좋은 생각도 습득하고 내 인생을 더 나은 방향으로 나아갈 수 있게 하는 글은 찾기 어려웠습니다. 그래서 이 책을 만들었어요. 이 책은 당신의 가장 소중한 시간 자원을 벌어주는 책입니다.

정조께서 말씀하시길, **"모든 일에 있어서, 시간이 부족하지 않을까를 걱정하지 말고, 다만 내가 마음을 바쳐 최선을 다할 수 있을지, 그것을 걱정하라."**

- <홍재전서> 175권 -

인생은 지금이고, 영원은 지금의 연장입니다. 필사는 지금에의 몰입입니다.

제가 마음을 바쳐 최선을 다해서 이루지 못한 꿈은 없습니다. 영어로 말할 수 있는 사람이 되는 꿈을 꾸었더니 그렇게 되었고, 한국의 수재들이 모이는 영어학원을 설립해 영어를 못했던 사람들이 1년 내에 영어를 잘하게 만들고 있습니다. 중요한 건 선택과 집중입니다. 무엇을 할 것인지를 정하고, 그에 마음을 쏟으면 그 목표는 이루어집니다. 이 과정에서 글은 필수 불가결한 도구예요.

꿈을 현실로 만드는 방법은 그 꿈을 종이에 손으로 쓰는 것입니다. 꿈은 머릿속의 상상이고, 종이에 이를 쓰는 작업은 아직 실체가 없는 상상을 현실

세계로 꺼내는 일입니다. 필사는 이래서 해요.

목표를 이루며 인생을 더 나은 것으로 만드는 사람과 몇 년이고 똑같은 일상에 갇혀 사는 사람의 차이는 이것입니다. 꿈을 이루는 사람은 방법을 찾아내 행동합니다. 꿈을 못 이루는 사람은 변명을 하고 빈정거리고 시도조차 해보지 않습니다. 둘은 선택 차이입니다.

제가 호주에 갈 땐 그곳을 유학할 형편이 안 되었습니다. 그러나 일단 간 다음 되게 만들었어요. 저는 호주에서 하루를 삼일처럼 살았어요. 풀타임 직업이 항상 세 개였지요. 우버 슬립이라는 수면법으로 생활하며 시간을 만들었습니다. 시간이 없다는 변명은 그 일을 하고 싶지 않은 사람의 자기 정당화일 뿐입니다. 시간은 있습니다. 그러니까 살아있지요. 행복과 불행은 모두 마음이 만듭니다. 마음을 다하면 변화를 만들 수 있고, 상상을 현실로 옮겨올 수 있습니다. 그냥 하세요.

우리는 아무도 글쓰기를 타고나지 않았습니다. 바이올린 신동은 있어도, 글쓰기 신동은 없습니다. 글과 언어는 쓰면 쓸수록 좋아집니다. 운동이에요. 좋은 글을 따라 쓰면 금방 배웁니다. 저도 처음엔 플래너에 모든 단어를 영어로 써보는 것부터, 휴대전화 언어를 영어로 설정해 영어를 보는데 익숙해지는 것부터 시작했습니다. 스물세 살부터는 레오나르도 다빈치의 코덱스처럼 왼손으로 영어를 거꾸로 쓰고 (**Mirror writing**) 오른손으로는 드로잉을 하며 쌓아온 분량이 꽤 됩니다. 이 습관은 저를 깊은 사람으로 만들었어요.

생각의 힘이 강해지면 행복할 수밖에 없습니다.
생각의 힘이 강해지면 못해낼 게 없습니다.
생각의 힘이 강해지면 두려울 게 없습니다.

모르니까 두려운 것입니다. 그냥 시작하고 하면서 알아가면 됩니다.

이 책이 담은 글은 생각의 힘을 길러주고 행복한 삶으로 가는 생각의 방향을 바르게 잡아줍니다. 손으로 쓰는 게 버겁다면 눈으로만 읽고 생각해도 삶은 충분히 나아질 수 있습니다. 당신의 인생을 바꿀 단 한 줄의 문장을 찾는다면 당신은 성공을 이룰 것입니다.

영어는 한국어로 곧바로 옮길 수 있는 지식이 아니라, 한국어와는 다르게 생각하는 방식입니다. 진정한 영어를 배우면 세상과 인생을 보는 시야가 극적으로 넓어집니다. 당신이 알고 있었던 세상과 인생 그 너머를 볼 수 있는 눈을 이 책을 통해 갖게 되길 희망합니다.

CODEX AUREO

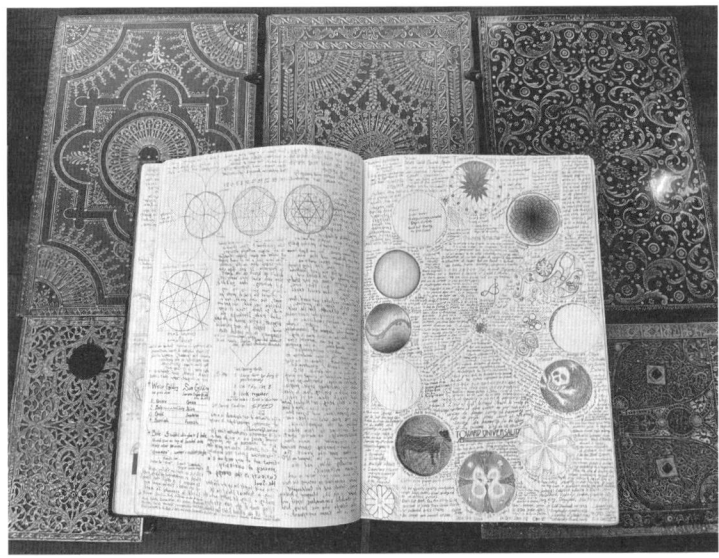

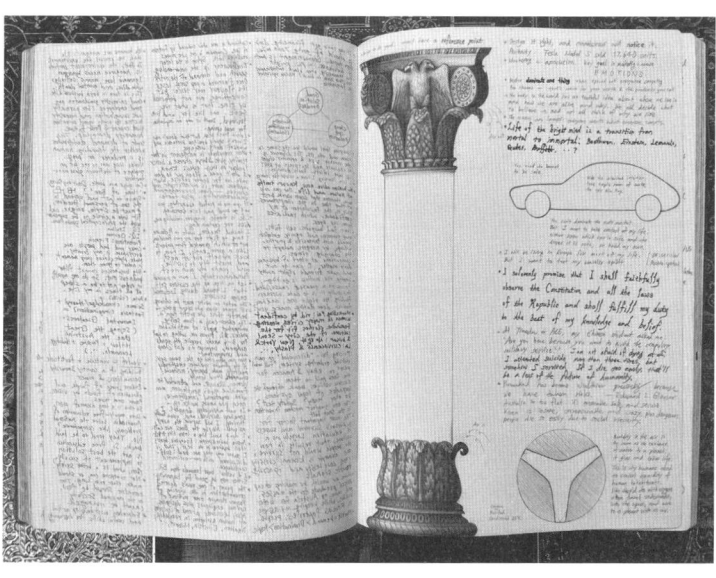

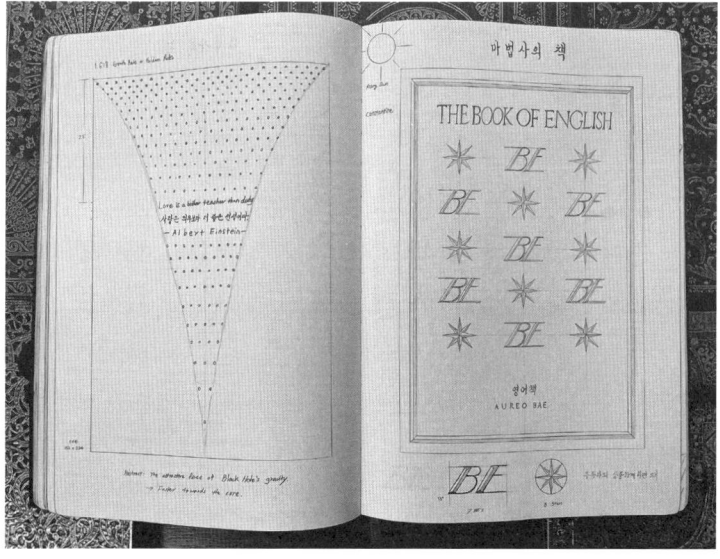

17년째 매일같이 써오고 있는 공책들은
자연의 법칙에 대한 탐구를 주로 담고 있다.

행복으로 가는 길

행복한 삶을 찾아 행복한 문화로 떠났어요.

처음 가본 나라에서 열여덟에 사업을 하려니 제약이 많았습니다. 사진이라는 시각예술은 다행히도 결과물이 모든 것을 말해주어 나는 다른 게 필요 없었어요. 제 포트폴리오를 보고 안목이 있는 사람들이 제게 사진을 의뢰했습니다. 모델, 밴드, 대기업 의장, 정치인, 남다른 웨딩 사진을 만들고 싶은 취향이 좋은 커플들... 그런데 저를 실제로 만난 사람들은 기대와는 다른 제 모습에 놀람이 보였습니다. 사진 결과물들을 보고는 오랫동안 작업을 하여 자신만의 스타일을 찾은 성숙한 작가를 예상했는데, 촬영장에 나온 작가가 앳된 소년이어서 놀랐을 거예요.

그때부터 수염을 기르기 시작했고, 저의 실루엣을 성숙하게 만들어주는 자켓을 입기 시작했습니다. 어딜 가나 최연소였지만, 제 분야에서 최고가 되고 싶었어요. 그러다 만난 제이슨이라는 법대 교수님은 저와 통하는 게 많았습니다. 그도 주중에는 나쁜 사람들을 감옥에 보내는 일을 하지만 주말에는 웨딩 사진을 담는 포토그래퍼로 일했습니다. 제이슨이 저를 그의 사무실에 초대해 주어 갔더니, 대학교 안 작은 사무실에 멋들어진 카펫부터 롤스로이스 스피릿 오브 엑스터시 조각품까지 온갖 세련된 Sophisticated 취향의 물건들로 가득했습니다. 그는 항상 근엄한 Dignified 목소리와 태도로 사람들을 대했어요.

맞춤 셔츠 소매에 매일 색다른 커프 링크를 하는 신사인 제이슨은 편의를 위해 입는 제 블랙 셔츠를 보고 그건 마피아가 입는 칼라 색깔이라고 알려주었습니다. 칼라가 하얀색이면 하루만 입어도 노래져서 자주 빨아야 했고 땀을 흘려선 안 되었죠. 과연 화이트칼라라는 단어는 그 계층을 뜻하는 많은 뜻이 함축되어 있었습니다. 그의 조언으로 저는 칼라만 하얀색에 몸은 검은색인 셔츠를 디자인해 입기 시작했습니다. 칼 라거펠트처럼 높은 칼라에 맞게 두껍고 독특한 타이를 매일 다르게 맸어요. 옷만 바꾼 게 아니라, 태도까지 바꿨습니다. 그랬더니 제가 아무리 나이가 어려도 저를 대하는 호주의 모든 사람들의 태도가 달라졌습니다. 제 나이를 듣고도 은행과 우체국 직원들은 저를 Sir라고 불렀어요. 젠틀한 태도는 제 영어 목소리에서도 느껴졌는지, 전화를 하더라도 저보다 연상인 호주 변호사 여자친구는 "Girl"이라고 칭하면서 저는 "Sir"라고 칭했습니다.

이때 알았습니다. 영문화는 나이로 우대하는 문화가 아니라, 취향으로 우대하는 문화라는 것을.

영어에는 "취향이 좋다"라는 말이 있습니다. 그런데 한국어에는 그런 말이 없어요. 취향은 "좋다"라고 하지 않고 다른 게 한국 문화의 사고방식입니다. 한국어에서 취향이란 기호와 같은 의미로 쓰입니다. 음식과 색깔, 옷에 대한 호불호에 그치는 말이 취향이에요. 그러나 영어에서 taste는 그 이상입니다. 이 단어는 모든 것에 대한 안목을 뜻합니다. 안목은 사람이 더 성숙해지는 것처럼 계발하는 것입니다.

You have a good taste in (insert anything here).
You have a good taste in friends.
You have a poor taste in friends.
Your place is tastefully decorated.

Your taste is refined.

세련이라는 단어도 한국어의 뜻에는 한계가 있습니다. 영어로는 이 의미를 가진 단어가 많아요. **Sophisticated**는 사람과 사람이 만든 물건에 할 수 있는 최고의 칭찬인데, 사람에게 하면 많은 경험을 통해 얻은 지혜와 더불어 훌륭한 안목이 있다는 뜻입니다. **Cultured**, **Refined**, **Classy**, **Elegant**, **Suave** 모두 비슷한 의미를 품고 약간씩 다른 상황에 말해요.

취향이 좋은 사람이 왜 좋은 대접을 받나 생각해 보았어요. 한국 문화는 이성보다는 직관이 더 발달하여, 종교를 믿거나 점을 보거나 사주를 믿거나 풍수지리나 미신을 믿는 등 비이성적으로 생각하는 경향이 있습니다. 영어권 문화는 반대로 이성을 중시합니다. 그래서 종교를 믿는 사람보다는 안 믿는 사람이 더 많고, 문제를 해결하기 위해 막연한 기도보다는 이유와 원리를 찾습니다. 영문화의 기본은 개인주의Individualism인데, 개인주의의 주된 의미는 '내 일은 내가 스스로 하기'입니다. 자기 이익만 챙기는 것은 부차적인 의미예요. 그래서 호주에서는 여성이 무거운 물건을 들려고 하는 걸 보고 남성인 제가 도와주려고 하면 극구 사양합니다. 이는 '여자는 근력이 약할 거야'라고 지레 판단을 하고 개인주의를 이해하지 못한, 한국식 사고방식을 한 저의 잘못입니다. 자기 일은 스스로 하는 게 기본인 문화이기 때문에 **Smart** 한 게 중요해요. 그렇게 자기 일을 알아서 할 수 있을 때에야 비로소 취향을 계발할 여유가 생깁니다. 그래서 취향이 좋은 사람을 더 뛰어난 사람으로 인정하고 우대하는 것 같아요. 실제로 영문화에서는 머리가 영민한Bright 사람이 공교육 과정 몇 년을 건너뛰고 학교를 더 빨리 졸업해 세상을 위해 좋은 일을 하도록 우대해 줍니다.

여기서 영문화에서는 분명히 있으나 한국 문화에 미흡한 것이 또 있는데, 그것은 '나를 앎'입니다. 영어권은 아이일 때부터 **What's your favourite _____?**이라는 질문을 자주 해요. 내가 무엇을 좋아하고 안 좋아하는지 어릴 때부터 알게 됩니다. 그런데 한국에서 영어 수업을 하면 30대가 훌쩍 넘어 이미 아이가 둘이나 있는 사람도 '내가 무엇을 좋아하는지 생각해 보지 못했다'고 말합니다. 영어권 세계에서 모든 지식의 시작은 나 자신을 아는 것Know thyself입니다.

그리하여 전 '나'를 알기 위해 노력했어요. 모두 나열하기 어려울 정도로 다양한 직업들을 수행해 보고, 다섯 곳 이상의 대학들을 다녀보고, 거의 모든 분야의 책을 읽고, 영어를 안다면 얼마든지 얻을 수 있는 인류의 지식을 흡입했습니다. 그렇게 다다른 지금의 상태는 진정한 행복입니다. 저의 기호부터 시작해 무엇이 저를 불행하게 하는지를 알고 제 존재의 목적까지 알기 때문에 저는 행복할 수 있습니다.

얕은 물은 작은 바람에도 갈팡질팡 철렁입니다. 깊은 물은 그러나 강한 바람에도 평정을 지킵니다. 물의 깊이는 앎의 깊이입니다. 나를 앎이 인간으로서 이를 수 있는 가장 고귀한 앎이에요. 인간이라는 미물은 이 장엄한 우주를 이해할 수 없기 때문입니다. 우리의 삶이 매트릭스인지, 3차원 그 이상 차원의 세계가 있는지, 이 우주가 하나인지 여럿인지, 블랙홀은 어디로 이어지는지, 우리가 어떻게 살아있는지 인간이라는 미물은 알 수 없습니다. Dark matter는 그 물질이 어두워서 그리 부르는 게 아니라 우리가 무지하기 때문에 이렇게 이릅니다. Earth는 흙을 뜻하는데, 육지보다 바다가 넓은 지구를 우린 인간중심적이게도 Earth라고 부르지요. 이렇게 이름을 붙이고 나면 우리는 그것을 '안다'고 착각합니다.

이 장황한 이야기를 듣고 행복으로 이르는 길이 어려워 보일지도 모르겠어요. 그렇지만 원래 어떤 길을 먼저 가본 사람이 단순하고 명쾌하게 그 길을 알려줄 수 있는 법입니다. 영어를 배우는 건 한국어를 배우는 것보다 쉬워요. 영어는 한자어로 문법을 공부하고 단어를 암기하며 공부하는 게 아닙니다. 그건 생각을 거치지 않고 그냥 하는 무지한 방식입니다. 언어는 아이들과 앵무새처럼 흉내 내며 따라 하여 직관으로 습득하는 능력이에요. 언어의 본질은 운동과 음악과 똑같습니다. 운동을 배우듯, 악기를 배우듯, 언어를 배우면 됩니다. 이 책에 담은 영어와 영문화의 사고방식을 따라 하며 습득하면 돼요. 지난 2년간 제 첫 책 《영어책》으로 10,000시간 수업을 하며 따라 하기Mimicking와 이야기Storytelling로 진정한 영어를 한국인이 배우게 할 수 있음을 확인했습니다.

이 책의 글들을 따라 써 보고, 소리 내어 읽어보고, 그렇게 음미하면 실제로 현지에서 쓰는 지성인의 영어를 배울 수 있고, 개인적 행복에 이를 수 있습니다.

언어는 많은 양에 지속적으로 노출되면 습득됩니다. 언어는 단어 하나, 문법 하나로 잘게 쪼개어 공부하면 습득이 안 돼요. 하나의 상황에서 어떤 말을 주고받는지, 하나의 문맥에서 어떤 단어들로 문장이 만들어지고 어떤 단어들이 서로 어울리는지를 보며 익숙해지면 그게 언어 습득입니다. 전체를 보면 돼요. 그래서 영어는 쉽습니다. 많이 보고 많이 쓰면 되니까요. 행복도 가능합니다. 행복한 생각을 보고 따라 쓰면 됩니다.

불행한 이유는 불행하게 생각하기 때문입니다.
영어를 공부해도 못하는 이유는 교육 방식이 잘못됐기 때문입니다.

행복하게 생각하면 행복해집니다.
상황이 행복을 만드는 게 아니라, 생각이 행복을 시현해요.

영어는 습득 방법을 바꾸면 곧 영어를 습득합니다.

감사의 말씀

OREX라는 이름으로 영어학원을 서울에서 개원한 첫날부터 저에게 영어수업을 받겠다고 걸려오던 전화들에 저는 감사한 출발을 했습니다. 그 후로 아침부터 밤늦게까지 수많은 수업들을 365일 단 하루도 쉼 없이 하고 있습니다. 초등학교 5학년이었던 근욱은 영어의 기초도 없이 시작해 불과 네 달 만에 영어를 능숙하게 하게 되어 유럽 국제 학교 입학을 멋지게 성공했고, 막연하게 음악을 하는 게 꿈이었던 스무 살 경명은 본인 스스로도 미국 문화에 관심이 많았지만 저를 통해 더 세련된 영어를 할 수 있게 되어 미국 엔터테인먼트 회사와 계약을 훌륭하게 성공해 꿈을 실현했고, 외국 항공사 취업의 꿈을 29살에 마지막 시도로 도전하며 저에게 영어를 배워 세계적인 경쟁률을 뚫고 에미레이츠에 입사하는 꿈을 이룬 유림은 지금 꿈같은 인생을 살고 있고, 입시 영어 5등급을 받았었는데 지금은 1년 동안 OREX에서 영어 수업을 받으며 영어를 아주 능숙하게 잘하는 나머지 영국에서 현지인처럼 살고 있는 선애, 일류 외국계 회사에 다니며 저와 《영어책》을 완독하고는 유학 다녀온 것처럼 영어를 잘하는 연주, 세 달간 당신의 소중한 아드님과 따님을 제게 맡겨보시고는 "너무 좋은 것을 알게 되어 더 이상 다른 영어학원에 보낼 수 없다"라고 앞으로도 쭉 맡아달라시는 진휘 어머니 정원님, 길영, 장희, 이든, 현서, 해외 국제 학교 재이, 한나 외 많은 아이들의 부모님들, 학교 영어가 잘못되었음을 직관으로 알고 OREX 수업에서 영어에 대한 오개념을 바로잡고 문화를 배워 흥미롭다는 혜원, 작가로서의 꿈과 영국 유학의 꿈을 함께 이뤄가고 있는 가영, 떠났다가 학교 영어에 실망하고 다시 돌아온 민정, 한국인의 건강과 안전의 대의를 위해 일하시며 동시에 뜨거운 마음으로 《영어책》을 낭독하시고 OREX 수업을 가치있게 여겨주시어 지금은 무척 품위 있는 영어를 구사하시는 경인님, 싱가폴에 살고 일하시며 우리 민족이 번영하길 진심으로 바라고 행동하시는 성은님,

세상을 더 나은 곳으로 만들고 싶은 열망이 저와 같아 수업을 오랫동안 함께 해오며 오직 《영어책》과 OREX 수업만으로 유창하게 외국인과 이야기를 나눌 수 있게 된 철님, 존재만으로도 희망을 주는 대학교 졸업반 희연님, 저의 어머니뻘이심에도 여전히 꿈을 꾸시며 수많은 일들을 시현하시고야 마는 경희님, 세계적인 당신의 artist statement를 제게 첨삭을 받으시고는 "You are a great writer"라며 제가 가르치는 일을 하고 있을 사람이 아니라며 용기를 주신 미나님, 제 블로그 글을 읽고 감동하시어 그날 바로 하나뿐인 아들의 영어를 맡기시며 당신도 제게 영어를 배우시는 은아님, 초등 선생님으로서 멜번에 사시며 제 수업을 들으시고는 "You are a great teacher"라고 확신을 전해주신 혜란님, 사랑과 열정이 남다른 약사 연주님, 스페인에 사는 로망을 실현하고 계시는 보영님, 시차에도 불구하고 프랑스에서 수업을 오시는 사업가 태리님, 명민한 머리와 따뜻한 가슴을 모두 품으신 진경님, 뛰어난 안목을 지닌 호텔리어 승현님, 저와 수업 후 외국인이 말을 알아들어 기쁘다는 혜진님, 필사책을 써보라 권유해주신 혜리님, 샤넬걸 혜영님, 영어선생님으로서 더 정확한 영어를 위해 자기 계발하시는 민정님, 아영님, 훌륭한 철학가이신 시원마취통증의학과 덕승원장님, 기능의학과 호성원장님, 고고학자 정화님, 성형외과 재성원장님, 비범한 IQ에 EQ까지 지닌 스토아 철학자 지선님, 호주에서 자리잡은 영주, 서울대 얼짱 나현, 훌륭한 기혁, 그리고도 감사드릴 OREX 멤버가 끝이 없네요. 모두 못 써 죄송합니다. 당신의 영감 덕에 새로운 책이 탄생했습니다. 저는 수업을 통해 삶의 의미와 보람을 얻습니다. 저는 완벽한 사람이 아니지만 당신의 이해와 도움으로 그럭저럭 살아갑니다. 급박한 일정에도 흔쾌히 표지 작업을 도와주신 서진솔님, 내지 디자인을 해주신 arti.bee님, 저를 신뢰하시는 김병호 편집장님 감사합니다.

책임감을 가르쳐 주신 진정한 신사 아버지, 무한한 사랑과 깊은 지혜를 물려주신 어머니께 감사드립니다.

개정판 서문

좋은 것을 더 좋게 만드는 일에는 각별한 정성이 듭니다. 이 책의 초판이 많은 분들께 깊은 사랑을 받는 것을 보며 특별한 책임감을 느껴 책을 더 가다듬었습니다. 기본적인 원문은 유지하면서 문체를 더 친절하게 바꿨어요. 그리고 오타를 수정했습니다. 인간이 만드는 모든 것은 완벽할 수 없고, 오히려 그 불완전함 속에 아름다움이 있음을 아는 우리가 되면 좋겠습니다. 가장 나다움이 사람들의 마음을 끌어당기는 아름다움의 극치니까요.

이 책은 한국인에게 행복의 뇌 회로를 만들어줍니다. 모든 현실은 생각의 산물이니까요. 이 책을 통해 만난 제자들이 많습니다. 그중 민서님은 얼마 전 산티아고 순례길을 다녀오셨어요. 힘든 여정을 지나 종착지에 도착하니 아무 감정도 느끼지 않으셨답니다. 정말 의미 있고 아름다웠던 건 그 여정에서 만난 사람들과 경험들이래요. 하루하루 사는 지금이 바로 행복입니다. 지금에서 행복을 알아볼 수 있는 눈을 이 책이 드리길 바랍니다.

이 책은 한국에 대한 사랑과 책임감으로 만들었습니다.

It's truly a labour of love.

이 크고 단단한 사랑의 마음이 닿아 한국에 밝은 빛이 되길 바라요.

2025년 3월
아우레오 배

To be happy is a choice.
It's not what we have and get that makes us happy.
It's how we perceive it, accept it, and react to
it that keeps us happy.

—

행복은 선택이다.
우리가 가진 것과 얻는 것이 우릴 행복하게 하는 게 아니다.
그것들을 어떻게 판단하는지, 받아들이는지, 반응하는지가
영원한 행복을 이룬다.

CHAPTER
1

Prime
행복한 삶을 그리기 위한 밑작업

It's okay

It's okay to sleep 8 hours a day.
It's okay to fall behind. All it takes is good learning.
It's okay not to work hard, because getting ahead takes working smart.
It's okay to be who you are. I am not to be compared with anyone.
It's okay to be the way you are. There is a reason for everything to be the way it is.
It's okay to live the life you want to live. My life is mine and mine alone.
It's okay to not fit in. I don't need to conform.
It's okay to be not perfect. I'm a human being.
It's okay to not know what you want to do with your life when you are young and innocent. It's okay to drift away a bit.
It's okay to do things that your heart guides you to. Each of us has our own purpose to live for.

Fall behind | 경쟁에서 뒤쳐지다
Fit in | 사람들이 모인 곳에 나를 끼워 맞추다
Conform | 사회적으로 납득되게 행동하다, 규칙을 따르다

괜찮아

하루에 8시간을 자도 괜찮아.
좀 뒤처져도 괜찮아. 잘 배우면 잘할 수 있어.
열심히 안 해도 돼. 똑똑하게 해야 앞서가니까.
나답게 해도 괜찮아. 나는 세상 그 누구와도 비교할 수 없는 유일한 존재야.
나대로 살아도 괜찮아. 모든 것엔 그럴만한 이유가 있으니까.
내가 살고 싶은 인생을 살아도 괜찮아. 내 인생은 나의 것이고 나만의 것이니까.
집단에 녹아들지 않아도 괜찮아. 좀 튀어도 괜찮아.
완벽하지 않아도 괜찮아. 인간은 불완전한 존재인걸.
아직 어릴 땐 하고 싶은 게 뭔지 몰라도 괜찮아. 방황도 필요한 시간이야.
내 가슴이 시키는 일을 해도 괜찮아. 우리는 저마다 존재의 목적을 위해 사는걸.

Human being | 불완전한 존재
Innocent | 죄가 없는, 순수한
Drift away | 방황하다

Beginning

In the beginning, there was water and a thin layer of skin which encapsulated me. The growth of my physique was predetermined by the genetic codes from the love of my parents. And there was a spirit flowing in space, decided to enter the body that was being created in the womb of my mother. I could hear the voice of my mother. I could sense the touch of my father. Soon, I was born, into a world so liveable as a mere mortal with a free will to create a life of my own. I can be what I want to be. I can do what I want to do, with this life given to me by my beloved parents. I shall not take their selfless love for granted, never, as my love towards them shall be eternal, ever.

Encapsulate | 감싸다
Physique | 체격
Predetermine | 앞서 결정하다
Liveable | 살 만한

시작

태초에 물과 얇은 피부가 당신을 감쌌어요. 신체의 성장은 부모님의 사랑에서 비롯한 유전자로 정해졌죠. 그리고 우주에 흐르던 영혼 하나가 어머니의 자궁 안에서 생성되고 있는 몸에 들어오기로 결정해요. 당신은 어머니의 목소리를 들을 수 있었죠. 아버지의 손길을 느낄 수 있었어요. 이윽고 당신은 연약한 생명이 살아갈 수 있는 최적의 환경인 지구에 당신이 원하는 삶을 창조할 수 있는 자유의지를 품고서 태어났어요. 당신은 되고 싶은 것은 무엇이든 될 수 있어요. 당신은 하고 싶은 일을 부모님이 선물해 주신 이 생명으로 얼마든 할 수 있어요. 당신은 부모님의 헌신적인 사랑을 결코 당연히 여기지 않을 거예요, 절대로. 고로 부모님을 향한 당신의 사랑은 영원해요.

Mere mortal | 미물, 필멸의 존재 (인간을 겸허하게 이르는 말)
Beloved | 사랑받는
Selfless | 자기보다 타인을 더 위하는
Take for granted | 당연시 여기다
Eternal | 영원한

One way to happiness

One clear way to happiness is to become a little bit better person each day. Every day adds up to a year, you are a far better person than last year. To do this, you are to learn something everyday. You can learn anything. But it's better if what you learn is in alliance with what you love to do. Your life will eventually move towards what you are most passionate about. By 80, you are what you have been thinking about. If you don't think, you will regret. If you do think, you will have no regrets about your life. You'll be happy enough to accept death. For contentment, learn something everyday. Think. Be a better person than yesterday. You can't go wrong but to be happy and content.

In alliance with | 협력하여
Eventually | 결국은

행복으로 가는 길

행복으로 반드시 이어지는 하나의 길은 매일 조금 더 나은 사람이 되는 거예요. 하루하루가 쌓여 일 년이 되고, 당신은 작년보다 훨씬 나은 사람이 돼요. 이를 위해 매일 배워야 해요. 당신은 무엇이든 배울 수 있어요. 그런데 배우는 게 당신이 좋아하는 것과 결을 함께하면 더 좋아요. 당신의 인생은 결국 당신이 가장 열정적인 그 무엇으로 귀결될 거예요. 80대에 이르러서는 당신은 당신이 항상 생각하던 사람이 되어있을 겁니다. 생각하지 않으면 후회하게 돼요. 생각을 하면, 후회 없는 인생을 살 수 있어요. 그러면 당신의 죽음을 받아들일 수 있을 정도로 행복할 수 있어요. 영적인 만족을 위해 매일 무언가를 배우세요. 생각해요. 어제보다 나은 사람이 되어봐요. 행복하고 만족하지 않을 수가 없어요.

Contentment | 영적인 만족 (진정한 행복)
Content | 정신적으로 만족하다

Work cut out for you

Unhappiness is a precursor to happiness. The bigger the unhappy experiences you have had, the greater the happiness you will get. Life progresses in ups and downs. Like being rich goes with having liabilities, unhappiness is your leverage. If you know how to use pain, it elevates your game. Oprah Winfrey has had the worst childhood; she is now one of the most influential women in the world. Your suffering strengthens you to reach happiness that will abide. Be happy for having been unhappy.

Have your work cut out | 하기 어려운 일
Be cut out for a job | 그 일을 하기 위해 타고나다
Precursor | 먼저 오는 것
Liability | 법적으로 책임이 있는 상태

어려운 일

불행은 행복으로 가는 전조 현상이에요. 불행이 클수록 받을 행복도 크답니다. 삶은 좋을 때와 안 좋을 때가 번갈아가며 전개돼요. 마치 부가 부채와 책무를 함께 하는 것처럼, 불행은 레버리지예요. 고통을 쓸 줄 알면, 더 높은 단계의 삶을 즐길 수 있어요. 오프라 윈프리는 최악의 어린 시절을 보냈어요. 덕분에 지금은 세계에서 가장 영향력 있는 여성이 되었지요. 고생은 당신을 더 단단하게 하여 영원한 행복에 이르게 해요.

Liabilities | 부채
Leverage | 지렛대 효과
Elevate | 올리다
Abide | 1. 받아들이다 2. 견디다 3. 줄지 않고 지속되다

Make it count

All you have is today. How you use this time makes all the difference. How you spend today decides everything about you. Make it count. Happiness comes from how you spend today. Success is made by how you use it today. Time is of the essence. Time is today. All you have is today. Allocate today well, all is well.

Make it count | 어떤 것이 가능한 한 유용하고 긍정적이도록 만들다

지금 가진 기회에서 최선을 이끌어내기

당신이 가진 모든 것은 오늘이에요. 인생의 현실은 지금을 어떻게 사용하느냐가 만들어요. 오늘을 어떻게 쓰느냐가 당신에 대한 모든 것을 결정해요. 지금을 후회 없이 살아요. 오늘을 잘 쓰면 행복해요. 오늘을 잘 쓰면 성공해요. 이 우주에서 가장 중요한 것이 시간이에요. 시간이란 오늘이에요. 당신이 가진 모든 것은 오늘입니다. 오늘을 잘 쓰면, 모든 게 잘 풀려요.

Essence | 본질, 정수
Allocate | 자원이나 의무를 분배하다

What is happiness?

Happiness is not quantifiable. Happiness is a quality. Happiness is not having a lot of resources. Having a lot of money is not everything. Happiness is satisfaction. Satisfaction is how you think and feel about your situation. Happiness is how you feel about the course of life. Some of us are not happy about how their life has been going, so they don't want to pass such an unhappy life down to their children. This is why so many Koreans don't give birth. Korea has achieved material success. More money is not a happy direction. A balance is. Finding a balance and satisfaction is the way to happiness.

Quantifiable | 양으로 환산 가능한, 수치화할 수 있는
Resources | 자원 (시간, 에너지, 돈)
Satisfaction | 세속적 만족

행복이란?

행복은 양이 아니에요. 행복은 질이죠. 행복은 부자가 되는 게 아니에요. 돈이 많은 건 전부가 아닙니다. 행복은 만족이에요. 만족은 당신의 상황을 어떻게 받아들이고 느끼느냐로 정해집니다. 행복은 삶의 과정을 당신이 어떻게 느끼느냐죠. 어떤 사람들은 자신이 살아온 인생에 불만족해요. 그래서 그 삶을 자식에게까지 물려주고 싶지 않아 하고, 그래서 한국의 출산율이 낮죠. 한국은 물질적 성공을 이루었어요. 더 많은 돈을 버는 건 행복한 방향이 아니에요. 균형이 행복이죠. 균형과 만족을 향하는 길이 행복으로 가는 길이에요.

Course | 과정
Give birth | 생명을 주다, 출산하다
Material | 물질적 (형용사)

Another way to happiness

We work jobs we hate, to buy things we don't need, to impress people we don't like, said Tyler Durden. You are not your job. You are not your monetary worth. You are not the car you drive. You are not the clothes you wear. You are you. Your worth is just being you. You are earth. So be down-to-earth. You are stars. So be noble. Do what you are here for. It's due diligence. Respect others with due regard. Be happy—this comes from balance and satisfaction. And the world will be. Happiness is how you see life and the world. Physical changes don't bring about happiness. Mental change does.

Impress | 존중을 받기 위한 인상을 주다
Monetary worth | 돈과 관련된 가치, 값어치
Earth | 흙
Down-to-earth | 인간적인, 척하지 않는, 현실적인

행복으로 가는 또 다른 길

우리는 하기 싫어하는 일을 해요. 필요하지도 않은 물건들을 사기 위해서. 좋아하지도 않는 사람들에게 잘난 척하려고. 타일러 덜든이 말했어요. 직업은 당신이 아니에요. 재산은 당신이 아니죠. 차는 당신이 아니에요. 당신이 입은 옷은 당신이 아닙니다. 당신은 당신이에요. 당신의 가치는 그저 당신답게 살아있는 것, 그뿐이죠. 당신은 흙이에요. 그러니 겸허해요. 당신은 별이에요. 그러니 고귀한 행동을 해요. 당신이 이 땅에 살아있는 목적을 다 해요. 그게 할 일을 하는 거죠. 타인을 제대로 된 관심으로 존중해요. 행복해요—행복은 균형과 만족이에요. 그러면 세상도 행복해질 거예요. 행복은 당신이 삶과 세상을 '어떻게' 보느냐죠. 물리적인 변화는 행복을 가져오지 않아요. 생각의 변화가 행복을 만들어요.

Noble | 고귀한
Due diligence | 마땅히 해야 하는 일, 물건을 사고 팔 때 해야 하는 절차들 (법률용어)
Due regard | 모든 사실을 충분히 숙지하고 그에 합당한 판단을 하는 것
Physical | 물리적인
Mental | 정신적인

To every problem, there are solutions

No dream is unattainable. Dream and plan. Before you say it seems impossible, learn about it. You haven't even tried it. Building owners are not superior beings. They just have certain knowledge you don't have yet. Get the knowledge. And you make your dream a reality. To every problem, there are solutions. But you don't have to have deep pockets to be happy. Americans make double the money than Finns. But Finnish people are the happiest people on earth, and Americans are not. The criminals of mass shootings are extremely unhappy people. Don't compare your life with others. You are you. More is not happy. Look for a good balance in life. Know what matters to you. You can't have everything. But you can be in balance.

Unattainable | 가질 수 없는 (attain = achieve)
Superior | (형용사) 등급이 높은, 상급의 (명사) 상관

모든 문제엔 해결책이 있다

모든 꿈은 이룰 수 있어요. 꿈꾸고 계획해요. 불가능하다고 말하기 전에, 알아봐요. 시도조차 안 해보지 않았나요? 건물주는 우월한 인간이 아니에요. 땅이 없는 사람이 아직 모르는 지식을 알고 있을 뿐이에요. 배우면 돼요. 그러면 꿈을 현실화할 수 있어요. 모든 문제에는 해결책이 있죠. 그러나 행복하기 위해 돈이 많을 필요는 없어요. 미국인은 핀란드인보다 두 배 더 많이 벌어요. 그런데 핀란드 사람들이 세계에서 가장 행복한 사람이에요. 미국인들은 불행해요. 총기난사를 하는 사람들은 극적으로 불행한 사람들이죠. 당신의 인생을 타인의 인생과 비교하지 말아요. 당신은 당신이에요. 더 많다고 행복하지 않아요. 삶의 균형을 찾아요. 당신에게 무엇이 중요한지 알도록 해요. 모든 것을 다 가질 순 없어요. 그러나 적당한 균형을 이룬 삶은 살 수 있어요.

Have deep pockets | 돈이 많다
Finn | 핀란드 사람

You see as much as you know

Out there, there's an unfathomable amount of beauty in nature, and in the little things that happen in the human world. But you see as much as you know. Expand your perceptions. The more you see, the more beauty you get. The mind is happy when it sees beautiful things. This is why we are attracted to beautiful people, things, and places. Be curious about how things work. For every thing, there is a reason behind it. When you see it, you feel its beauty. And you are happy.

Unfathomable | 헤아릴 수 없는
Attract | (관심을) 끌다

아는 만큼 보인다

자연 세계엔 헤아릴 수 없이 많은 아름다움이 있어요. 인간 세계의 일어나는 일들의 세세한 부분에까지, 세상은 아름다움으로 가득해요. 아는 만큼 보여요. 인식을 확장해요. 더 많이 이해할수록, 더 많은 아름다움을 봐요. 우리의 머리는 예쁜 것을 볼 때 행복을 느껴요. 예쁜 사람들, 물건들, 장소들에 끌리는 이유가 이 때문이죠. 이 모든 게 어떻게 돌아가는지 호기심을 가져요. 모든 현상에는 이유가 있어요. 그걸 알아보면, 세상의 아름다움을 느껴요. 그러면 행복해요.

Perception | 1. 감각을 통한 인지 2. 무엇이 어떻게 여겨지고 해석되는지—인식, 직관적인 이해

To be glad is a mindset

I'm glad that the day is clear: my mood and thinking are clear. I'm glad that it's raining: it cleanses the world. I'm glad that it's murky: I can turn the warm lights on. I'm glad that it's hot: I can go swimming. I'm glad that it's cold: I can wear my favourite scarf. Happiness is not something to go after. It's a mindset. It's a mentality.

Cleanse | 깨끗하게 하다
Murky | 흐린, 어둡고 침침한
Glad | 기쁨이나 행복을 느끼는

기쁨은 마음가짐

오늘 날이 맑아 기뻐요. 기분과 생각이 맑아지니까요. 비가 오니 기뻐요. 물은 세상을 정화하니까요. 날이 흐려서 기뻐요. 노란 조명을 켤 수 있으니까요. 더워서 기뻐요. 수영을 하러 가면 좋으니까요. 추워서 기뻐요. 최애 목도리를 두를 수 있으니까요. 행복은 좇는 게 아니에요. 행복은 마음가짐이죠. 행복은 생각하는 법이에요.

Go after | 좇다
Mindset | 상황을 어떻게 해석하고 반응하는지를 결정하는 습관적인 정신적 태도, 마음가짐
Mentality | 사고방식

Thoughts are codes

Wealth is a result of wealthy thinking. Poor is a result of poor thinking. Well-to-do people are well off because they think in a wealthy way. Mediocre people are as such because they think poorly or don't think at all. Speak the language of the happy and effective people, and you will. Behave like the wealthy, and you will. The old money is kind. Give way on the highway for those who are not familiar with the road. Not everyone is local. Embrace them, and you will feel good about yourself. Letting a few cars in won't affect your arrival time. Poor mindset is not happy. Kind culture is the ground for affluent neighbourhoods. Act kindly and your town is prosperous. Act stingily and your town is impoverished. Don't try to catch the leaving subway. There is no need to risk your safety for a 5-minute early arrival. Your life is a lot longer and more precious than that 5 minutes. See the difference in mentality between the wealthy and the deprived? The rich see further. The poor are short-sighted. Dignity comes in your way when you behave in a dignified way.

Well-to-do, well off, wealthy | 부유한, 잘사는
Mediocre | 그저 평균적인 수준에 불과한, 그리 좋지 않은
Old money | 예로부터 대대로 부자인 (그런 지혜와 안목을 갖춘)
Highway | 주요 도로 (나라와 지역에 따라 다름. 고속도로는 영국에선 motorway, 미국에선 freeway, 미국 특정 주에서는 highway)
Local | 현지의, 그 동네를 잘 아는
Embrace | 1. 끌어안다 2. 포용하다

생각은 프로그래밍

부는 부자다운 생각의 결과예요. 가난은 가난한 생각의 결과죠. 부자들이 부자인 이유는 부자처럼 생각하기 때문이에요. 저급한 사람들이 그런 이유는 저급하게 생각하거나 생각을 안 하기 때문이에요. 행복하고 성공적인 사람들의 언어를 쓰면, 당신도 곧 그렇게 돼요. 부자처럼 행동하면, 당신도 그리돼요. 대대로 부자인 사람들은 친절해요. 도로에서 길이 미숙한 사람들에게 길을 양보해요. 도로 위의 모두가 현지인은 아니잖아요. 감싸줘요. 그러면 당신의 기분도 좋아요. 몇 명 양보해 준다고 도착시간이 크게 변하진 않아요. 마음이 가난하면 행복하지 않죠. 친절한 문화는 부유한 동네의 근본이에요. 친절하게 행동하면 우리 동네가 잘 돼요. 쩨쩨하게 굴면 우리 동네가 못 살죠. 떠나는 지하철을 잡지 말아요. 5분 더 일찍 도착하자고 당신을 위험에 처하게 할 필요는 없어요. 그 5분보다 당신의 인생이 훨씬 길고 소중해요. 부자와 빈자의 생각 차이가 보이나요? 부자는 멀리 내다봐요. 빈자는 당장의 앞만 보죠. 품위 있게 행동하면 품위 있는 사람이 돼요.

Affluent neighbourhood | 부자 동네
Prosperous | 풍요로운, 물질적으로 성공적인
Stingy | 쩨쩨한, 옹졸한, 너그럽지 못한
Impoverished | 가난해진
Deprived | 기본적인 재화와 문화적 혜택 부족에 허덕이는
Short-sighted | 근시안적인, 멀리 내다보지 못하는
Dignity | 품위, 존중받을 가치가 있는 상태나 자질

Your thoughts are your reality

Positive thoughts bring about positive outcomes: negativity prompts negativity. Hopeful thoughts give rise to hopeful reality. Cynical thoughts end in a falling country. In America, there is the so-called American dream in their culture. Some young Americans think they can be the next president, or the next richest person in the world. Some young Koreans think Korea is hell Joseon. Losers blame their circumstances for their failures. Unhappiness is a result of negative thoughts. Turn this around. See the good side. We are super capable. We embrace the capacity to create miracles. We can change it. We've achieved the fastest economic growth in the history of the world. Now is the time to update our culture. Think HOPE, and you will soon have a happy life. Think you CAN be what you want to be, and you will be. South Korea is quite a nice place to live in. We have hope.

Bring about | 야기하다
Prompt | 야기하다 (= cause, bring about)
Give rise to | 일으키다 (= result in)

생각이 현실을 만든다

긍정적인 생각이 긍정적인 결과를 불러요. 부정적인 에너지는 부정적인 결과를 일으켜요. 희망 가득한 생각은 희망 가득한 현실을 만들어요. 냉소적인 생각이 지는 나라를 낳죠. 미국 문화에는 아메리칸 드림이 있어요. 젊은 사람들이 차기 대통령이 되거나 세계에서 가장 큰 부자가 될 수 있을 것이라는 희망찬 문화예요. 일부 젊은 한국인들은 한국을 지옥이라 불러요. 자신의 실패를 자기가 처한 상황에 탓하는 사람들은 스스로를 지게 만들죠. 불행은 부정적인 생각의 산물이에요. 시선을 돌려봐요. 좋은 쪽을 봐요. 우리는 할 수 있는 사람들이에요. 우리는 기적을 일으킬 수 있는 사람입니다. 우리는 세상을 바꿀 수 있어요. 지구상에서 우리만큼 빠르게 경제 성장을 이룬 나라는 없어요. 이제 문화를 업데이트할 차례예요. 희망을 생각하면 머지않아 행복한 삶을 살거예요. 되고 싶은 것은 무엇이든 될 수 있다고 생각하면, 그렇게 돼요. 한국은 꽤 살기 좋은 곳이에요. 우리에겐 희망이 있어요.

Cynical | 사람들이 순전히 자기 이익을 위해서만 일한다고 믿는, 사람의 진정성을 불신하는
Blame for | 무엇을 탓하다
Capable | 무슨 일을 해내기 위해 필요한 능력과 건강과 자질을 갖춘

Your existence is a favour to the world

You were born. You were born to do good for the world. There is a function you are here to serve. You were born with a purpose. There is a reason for your existence. This is why your life is beautiful, because you have a reason for being. Nature does not make mistakes in deciding what to exist and what not to. How can there always be an equal number of males and a matching number of females? How do our social traits change according to the changing environment? You are here to serve your purpose. This is why your existence is a favour to this world.

Favour | 호의
Function | 사람이나 무엇의 존재 목적에 합당한 행위, 기능
Serve | 도리를 다하다, 의무를 수행하다

네 존재만으로도 세상에 좋은 일을 하는 거야

당신이 태어났어요. 세상에 이로운 무언가를 하기 위해 태어났죠. 이곳에서 행할 역할이 당신에게 있습니다. 당신만의 목적을 타고났으니까요. 당신이 살아있음엔 이유가 있어요. 당신에겐 존재 이유가 있기 때문에 인생이 아름다워요. 자연은 무엇이 존재하고 무엇이 존재하지 않도록 결정하는 데 실수를 하지 않아요. 그렇지 않다면 어떻게 세상엔 항상 비슷한 숫자의 남성과 여성이 공존할까요? 어떻게 환경이 변하면 우리의 사회적 성격도 변할까요? 당신은 이곳에 온 목적이 있어요. 그래서 존재만으로도 당신은 세상에 좋은 일을 하는 거예요.

Purpose | 존재하는 이유, 목적
Existence | 살아있는 상태, 현실에 있는 것, 존재
Reason for being | 존재의 이유
Trait | 성격, 성질

Gift to be alive

'Tis a gift to be alive. There is no better time to be alive. Oxygen in the air, clean water, and your freedom are all the reasons to be in good spirits. Life is a marvel itself. Death is the way it should be. If nothing changed, life would be so dreary. If every existence were homogeneous, the world wouldn't work. With this diversity, of food, species, people, and all the fun we can have, it is a gift to be alive.

'Tis = It is의 고어
Be in good / high spirits | 기분이 좋다, 기운이 넘치다 ("텐션이 높다"는 잘못된 말)
Marvel | 경이로움

살아있다는 선물

살아있다는 건 선물이에요. 살아있기에 이보다 좋은 때는 없어요. 공기엔 산소가 있고, 맑은 물이 있고, 자유가 있다는 사실 모두가 기운이 넘칠 이유예요. 생명은 자체로도 경이로워요. 죽음은 자연스럽고 당연한 거죠. 세상에 아무것도 변하지 않는다면 인생은 끔찍할 거예요. 세상 모든 존재가 다 똑같다면 이 세계는 돌아가지 않겠죠. 음식과 생명체와 사람들의 다양성에 더해, 생명으로 즐길 수 있는 것들이 모두 살아있다는 게 선물인 이유입니다.

Dreary | 암울하리만치 지루하고 반복적인
Homogeneous | 하나의 종류의, 단일의
Diversity | 다양성
Species | 종 (생물 분류의 단위)

Reason for being

The leaves of the trees are proportioned in the golden ratio that they evoke wonders in the mind. The sunshine is so magical that it immediately heals your mind and body. The purified water tastes so nice that you don't need any additives. You are grateful for this life which lets you experience everything you can sense and make sense of. You are grateful for being alive and living this moment. There is a reason for everything to exist: so do you. You have a reason to exist. You have a reason for being. For this reason, you live.

Proportion | (동사) 비례하다 (명사) 비율
The golden ration | 황금비율 (1:1.618...)
Evoke | 자아내다, 불러일으키다
Purify | 순수하게 하다, 정화하다

살아있을 이유

나무의 잎들을 자세히 보면 자연의 황금비율이 완벽하게 드러나 있는 신비로움을 볼 수 있어요. 태양의 빛은 어찌나 마법 같은지 몸과 마음을 치유하죠. 정화된 물은 얼마나 맛있는지 아무런 첨가물이 필요 없어요. 감각으로 인지할 수 있고 머리로 이해해 볼 수 있는 이 모든 것들을 경험할 수 있게 하는 이 생명에 감사해요. 지금 살아있는 데에 감사하고 지금 이 순간을 살고 있음에 고마워요. 모든 것엔 존재 이유가 있지요. 그건 당신도 마찬가지예요. 이 세상엔 당신의 자리가 있어요. 당신이 살아있을 이유가 있습니다. 이러한 연유로, 이 삶을 살아요.

Additives | 첨가제
Be grateful for | 무엇에 감사하다
Sense | 감각으로 인지하다
Make sense of | 이해하다 (sense = reason)

Blessings from each morning

With the songs of birds, you wake up to the world of consciousness. You feel your senses. You are grateful that you have no pain in your body, and that you are able to see and hear all fine. You get up and make a fine cup of coffee. It's a ritual that you do to open your day with gratitude and discipline. You take in the world view out the window for a moment, and get ready to take what the day has to offer. You go to the bathroom and take a warm shower. You are so grateful that you can take a clean and private shower, which you cannot do if you are a soldier. You are grateful that you deserve this shower. And you are thankful that you are vertical. You can stand on your own feet, rather than lying on the bed in the ICU. You are grateful that you are alive and able, living in a country where you can do anything with the time and energy you possess. You will not waste this. You will die with a happy face, content that you have lived your life without regrets.

Wake up | 잠에서 깨다, 눈만 뜨다
Get up | 일어나다
Consciousness | 의식

아침의 축복

새들의 노래와 함께 의식의 세계로 깨어나요. 감각이 느껴집니다. 당신의 몸에 고통이 없음에 감사하고, 앞을 볼 수 있고 소리를 들을 수 있음에 감사해요. 몸을 일으켜 일어나 훌륭한 커피 한 잔을 만들어요. 이는 하루를 여는 당신만의 감사한 의식이지요. 잠시 창밖 세상의 모습을 바라다보고는, 이 하루가 당신에게 줄 선물들을 만끽하기 위해 준비해요. 욕실로 가 따뜻한 샤워를 합니다. 이 깨끗한 당신만의 샤워를 할 수 있음에 감사해요. 군인은 그러지 못하기 때문이죠. 당신이 이 샤워를 할 만한 가치가 있는 사람임에 감사해요. 그리고 건강히 걸어 다닐 수 있음에 감사해요. 중환자실의 침대에 누워있지 않고, 두 다리로 설 수 있어요. 당신이 가진 시간과 기력으로 무엇이든 할 수 있는 이 나라에서 살아있고 능력이 있음에 감사해요. 당신은 이를 낭비하지 않을 거예요. 당신의 삶을 후회 없이 살았음에 만족하며 웃는 얼굴로 죽음을 맞이할 겁니다.

Discipline | 훈련, 규율, 전문 분야
Take in | 음미하다
Be vertical | 아파서 누워있다가 나아서 서 있을 수 있다

Integrity

A happy person and an unhappy person are the same people. We are one species. But what makes someone tick?

The basis for all success and happiness is integrity. This word is commonplace in the English speaking world, but is non-existent in Korean. Our community can be more liveable if we are aware of this word.

The meaning of integrity is three-fold. The first is honesty. You do anything on moral principles. You don't do wrong things. You say no to doing things that may cause harm to other citizens. You choose not to do what is selfish. You don't take advantage of other people's hard work, such as shamelessly copying what others have come up with. You strive for authenticity. You are the origin, and not a copy.

The second is being genuine. You are what you appear to be. Your inner self and your outer shell are one. You decide to do selective things which you have a strong feeling for. So you do it whole-heartedly. Your work therefore moves others. People can believe in you. You don't make lame and feeble attempts. You take action because you genuinely want to make a difference. You want to go beyond what is adequate.

The third is being whole and undivided. Your work is unified and sound in construction. Your work is complete and intact. It's consistent and not corrupt. Koreans desperately lack this quality, because we don't even have a word to describe such condition.

Build your own building of accomplishments upon the foundation of integrity. This is the backbone of every remarkable feat, whether it's your personal success and happiness, or managing your happy family and excellent company.

What make someone tick = what motivates someone | 동기를 주다
Commonplace | 흔한
Non-existent | 존재하지 않는
Liveable | 살 만한, 살기 좋은
Take advantage of | 이점을 이용하다 (좋은 말), 착취하다 (나쁜 말)
Come up with | 아이디어를 내다
Strive for | 고군분투하다
Authenticity | 진품, 진짜
Origin | 근원
Genuine | 진짜
Whole-heartedly | 온 마음을 다하여

인테그리티—정직, 진정성, 완전함

행복한 사람과 불행한 사람은 같은 사람입니다. 우린 같은 종이에요. 그런데 되는 사람들의 비결이 뭘까요?

모든 성공과 행복의 기초 토대는 정직입니다. 인테그리티라는 단어는 영어권에선 자주 쓰이는 말이지만, 한국어에는 없는 말이에요. 우리가 이 단어를 인지한다면 우리나라는 더 살기 좋아질 거예요.

인테그리티의 의미는 세 가지입니다. 첫 번째는 정직. 모든 일을 도덕적 원칙에 따라서 해요. 잘못된 행동은 하지 않습니다. 다른 시민들에게 해가 될 행동에는 'No'라고 말합니다. 이기적인 일은 하지 않도록 선택해요. 다른 사람들이 힘들게 일해 만들어낸 것을 착취하지 않습니다. 예를 들어 누군가 생각해낸 아이디어를 파렴치하게 베끼지 않아요. 진짜가 되기 위해 애씁니다. 당신은 원조이고, 모방이 아닙니다.

두 번째 의미는 진정성이에요. 당신은 보이는 그대로입니다. 당신의 속뜻과 겉모습은 하나입니다. 진정으로 하고 싶은 일을 선택적으로 결심해 해요. 그래서 온 마음을 다해 그 일을 합니다. 그러므로 당신의 일은 사람들을 감동시킵니다. 사람들은 당신을 믿어요. 허접하고 잡스럽게 집적거리지 않습니다. 진심으로 상황을 더 낫게 만들고 싶기 때문에 행동을 해요. 적당하다고 여겨지는 수준 그 이상을 지향합니다.

세 번째 의미는 쪼개어 나누어지지 않고 완전히 하나됨입니다. 당신이 한 일은 하나로 뭉쳐있고 견실하게 만들어졌어요. 당신의 작업은 완성되었고 온전합니다. 일관성이 있고 부패하지 않았어요. 우리에겐 이것이 절실히 부재합니다. 이런 상태를 설명할 단어조차 없으니까요.

인테그리티의 토대 위에 당신만의 업적을 쌓아 올려요. 이것은 모든 위대한 성취의 척추처럼 중대한 것입니다. 그 성취가 개인적인 성공이건, 행복이건, 행복한 가정을 꾸리는 일이건, 뛰어난 회사를 경영하는 일이건 말이에요.

Prime
행복한 삶을 그리기 위한 밑작업

Lame | 허접한
Feeble | 약한, 나약한, 희미한
Make a difference | 상황을 더 낫게 만들다
Sound | (형용사) 적절한, 분별있는, 제대로, 견고한, 유능한
Intact | 온전한, 부서지지 않은
Lack | 부족하다
Adequate | 적당한
Backbone | 척추, 그만큼 중요한
Feat | 대단한 용기와 기술과 강인함을 요하는 성취 (사람에 따라 일상에서 남용하기도 하는 단어)
Excellent | 사람이 한 일에 대한 최고의 칭찬

Focus on what I have

It's no good thinking of what you don't have. Focus on what you have. Don't try to be someone else who has a different set of skills and talents, because you have your own competitive advantages. There is work you are meant to be doing. If the current job doesn't bring you contentment, you can find a new one. There is no such thing as a free lunch. Nothing great can be made easily. Satisfaction comes from hard work. There is no joy in getting things for granted. Good things must be rewarded. Then it gives you contentment for the years to come. Then you can be grateful for it. Good feelings magnetise more good things. Focus on what you have.

Competitive advantage | 경쟁력
There is no free lunch | 공짜는 없다

가진 것에 집중하기

없는 것에 집중하는 건 좋지 않아요. 가진 것에 집중해요. 당신에게 없는 능력과 재능을 가진 사람처럼 되고 싶어 하지 말아요. 당신에겐 당신만의 경쟁력이 있으니까요. 이 세상엔 당신이 할 역할이 있어요. 지금 일이 정신적인 만족을 주지 않는다면, 새로운 일을 찾으면 돼요. 세상에 공짜란 없어요. 훌륭한 일은 쉽게 이뤄지지 않아요. 열심히 일하는 데서 만족감이 와요. 거저 받는 건 크게 기쁘지 않죠. 좋은 것들은 일에 대한 보상으로 받아야 기뻐요. 그래야 두고두고 행복한 만족을 느낍니다. 이를 가졌음에 감사를 느껴요. 좋은 감정이 좋은 것들을 더 끌어옵니다. 가진 것에 집중해요.

For the years to come | 오래오래
Magnetise | 자석처럼 끌어당기다

It's possible

My dream life is possible. My dream job is possible. My dream things are attainable. I am able. I can make things happen. I can learn to do things. I can read books and see more in this world. I can expand my perspectives. I can educate myself with English and the Internet. Every human knowledge is up on the web. All I need is my proper English to look up and grab. Nothing really is unattainable: there is a way. There always is a way to get it. If I think it seems impossible, that is because I lack the knowledge about it. I know how to learn. So, it's humanly possible.

Attainable | 얻을 수 있는
Unattainable | 얻을 수 없는

가능해

꿈의 삶을 사는 건 가능해요. 꿈꾸던 일을 하는 것도 가능해요. 꿈의 물건들을 갖는 것도 가능해요. 당신에겐 능력이 있어요. 이루어낼 능력이 있어요. 배워서 해낼 능력이 있어요. 책을 읽고 세상의 더 많은 것을 알아볼 능력이 있어요. 당신의 인식을 확장할 능력이 있어요. 영어와 인터넷을 통해 자신을 교육할 수 있어요. 인류의 모든 지식이 인터넷에 있으니까요. 당신이 필요한 모든 것은 검색해서 이해할 수 있는 제대로 된 영어입니다. 얻을 수 없는 것은 많지 않아요. 모든 문제에 해결책이 있어요. 목표를 이룰 방법은 항상 있어요. 그게 불가능해 보인다고 생각한다면, 그건 당신이 그에 대해 몰라서 그런 거예요. 당신은 배우는 법을 알아요. 그러니 인간적으로 가능해요.

Look up | 검색하다, (사전 / 인터넷으로) 찾아보다, 알아보다
Grab = Get, Grasp | 쥐다, 이해하다

Why winning a lottery doesn't make you happy

You've never heard of anyone living a successful life after winning a lottery, nor a happy one for that matter. There is a reason for this. Money can buy pleasure. The thing about pleasure however is that it only lasts for a few days. You buy things that you dreamed of owning. Once you get the thing, it gradually becomes a burden rather than a constant source of happiness. You are left with things that you cannot take care of. It is a hassle to get rid of the things piled up in your place. You can certainly buy a house with lottery winnings, sure. But if you don't know how to manage the funds, it will eventually be out of your hand. The same goes with being born into a wealthy family. Wealth for the premature is toxic. It takes your motivation away. It makes you forget why you need to do anything. A being without a reason for being will fade away. So rich people get depressed easily. Depression is a step before death. Take it for granted, you will soon lose whatever fortune you've inherited. Then the path to happiness is: earn it and cherish only a few things in your life.

Pleasure | 도파민으로 인한 즐거움, 쾌락
Gradual | 점진적, 조금씩, 완만한
Constant | 지속적
Source | 주원천, 무언가를 구할 수 있는 곳
Hassle | (명사) 귀찮은 것 (동사) 귀찮게 굴다
Pile up | 쌓이다

복권에 당첨되어도 행복하지 않은 이유

복권에 당첨되어 성공했다는 사람은 들어본 적이 없을 겁니다. 행복하다는 사람도 찾기 어렵죠. 이유가 있어요. 돈으로 살 수 있는 건 쾌락이에요. 이 감정은 길어야 며칠 갑니다. 꿈에 그리던 물건을 샀다고 해요. 일단 갖고 나면 행복의 원천이 되기보다는 짐이 됩니다. 관리하기 어려운 물건들이 쌓이게 되죠. 이걸 치우는 것조차 귀찮은 일이 됩니다. 복권 당첨금으로 물론 집을 살 수도 있어요. 그런데 자본을 운용할 지식이 없다면 있던 돈도 점차 빠져나갈 거예요. 부잣집에 태어나는 것도 마찬가지예요. 미성숙한 사람에게 돈은 독이죠. 의욕이 없어지니까요. 무언가를 해야 하는 이유를 잊게 됩니다. 존재의 이유가 없는 존재는 사라져요. 그래서 부자가 우울증을 앓기 쉽습니다. 우울증은 죽음의 전 단계예요. 가진 것을 당연히 여기면 물려받은 유산도 금방 잃게 됩니다. 고로 행복으로 가는 길은 이거예요. 당신이 일해서 얻고, 소중한 물건들만 오래오래 간직해요.

Funds = Money | 어떤 목적을 위해 모아두거나 마련한 금액
Toxic | 독성이 있는
Premature | 성숙하기 이전의 (성숙해질 희망을 품은 표현), 이른
Fade away | 점점 희미해지며 사라지다
Inherit | 유산을 상속받다
Cherish | 소중히 아끼다

Success is a lousy thing

Success is a loaded word, which means the meaning of this word has been contaminated. It used to mean getting what you intended. It now means anything but. A better replacement for this is 'effective'. Effective means being able to attain what you aim for. The best and most current alternative is to 'make a difference'. Making a difference means making the situation better. When you work up to a level just enough to get the job done, you are not making any difference. You are like everyone else. When you set a higher goal and make a mark upon it, you have a higher chance of making a difference. This is true success. You make the world a better place. You innovate humanity. You make progress for other people to live a better life. In the process, you will get paid, and most of all, be respected. This is beyond having puny little money in your pocket to buy meaningless fancy stuff that makes other people feel bad.

Lousy | 아주 안 좋다는 분개를 표현하는 말
Loaded word | 다양한 의미가 가미되어 본래의 의미를 상실한 단어
Intend | 의도하다

성공은 아무것도 아니야

성공이라는 말은 다양한 의미가 뒤섞인 불순한 단어예요. 성공의 원래 의미는 '의도한 바를 이루다'였어요. 그런데 요즘 이 단어는 그 밖의 다른 뜻을 말합니다. 원래 의미를 전달하기 위해 대체할 단어는 '효과적'이라는 말이에요. 이 말은 '목표한 결과를 얻다'는 뜻입니다. 이보다 좋은 말은 'make a difference'라는 말이에요. 이 말은 지금 상황을 더 낫게 만든다는 뜻이에요. 그냥 일 자체를 해내는 걸로 만족한다면 그것은 상황을 더 낫게 만드는 게 아니에요. 그건 다른 사람들과 똑같은 수준에 불과합니다. 평균보다 높은 목표를 설정하고 그를 이루려고 애쓰면 상황을 더 낫게 만들 가능성이 높아집니다. 이것이 진정한 '성공'이에요. 세상을 더 나은 곳으로 만드니까요. 인류를 혁신하는 일이에요. 사람들이 더 나은 삶을 살 수 있도록 인류를 진보하는 일입니다. 그 과정에서 부와 명예를 동시에 얻을 거예요. 이것은 다른 사람들의 기분만 나쁘게 하는 아무 의미 없이 화려한 물건을 사기 위해 돈 몇 푼 버는 것보다 고차원의 일입니다.

Alternative | (명사) 대체제 (형용사) 대체가능한
Make a mark | 무엇에 중요한 영향을 끼치다
Puny | 보잘것없고 하찮은

Numb numbers

Numbers are for mind-numb-numb's. We were taught by the Korean school that getting a 100 for a maths test is being a good person and getting a 10 is being a bad one. You can get 10 when you're in Year 5, and your teacher may humiliate you in front of every classmate. But you can still turn out well. Studying can teach you disciplines. Messing with a little maths test doesn't do anything on your life. You live a fulfilling life anyway without doing well at maths. You can excel in Australian schools even though you are the same person. It wasn't you that was wrong. It was the Korean education that misjudged you. It was the Australian education that recognised your brightness. You can be highly successful even if you're terrible in school.

In Australia, the schools don't give you numbers. They give you sophisticated words. They give you High Distinction instead of a 100. People are different and each one of us has our own talents and purpose. Life is not quantifiable. More expensive things are not "better". Living in more expensive houses doesn't make you "better." You are the same flesh and bones run by your spirit. Bigger price tags are bougie and you don't need them. Luxury gives you a short dopamine boost and a false sense of superiority. These empty-minded people make the world a less happy place. Luxury is ostentatious. It's not happy. It displays your stupidity. Ditch the dumb numbers. Look for what you are passionate about and immerse yourself into. This will make you happy and content.

Prime
행복한 삶을 그리기 위한 밑작업

Numb | 무감각한
Year 5 | 5학년 (호주에서는 학년을 Year 1부터 Year 12로 부른다)
Turn out | 어떤 결과로 드러나다
Mess with | 장난치다, 참견하다

무의미한 숫자

숫자는 중요치 않아요. 한국 학교는 수학 100점을 받으면 좋은 사람이고 10점을 받으면 나쁜 사람이라고 가르쳤어요. 5학년에 수학 10점을 받았다고 선생님이 반 아이들이 모두 모인 자리에서 당신에게 망신을 줄 수 있어요. 그래도 당신은 잘될 수 있습니다. 공부로 절제력을 기를 수 있어요. 그렇지만 작은 수학 시험 하나 못 본 게 인생에 영향을 끼치진 않아요. 수학을 못해도 만족스러운 삶을 살 수 있어요. 똑같은 사람이 호주 학교에서는 수석할 수 있어요. 잘못된 건 당신이 아니에요. 한국 교육이 당신을 잘못 판단한 것입니다. 호주 교육은 당신의 천재성을 알아줄 수 있어요. 학교 공부를 못해도 인생에서 아주 성공할 수 있습니다.

호주 학교는 숫자로 평가하지 않아요. 대신 깊이 생각한 단어들로 평을 줍니다. '100점' 대신 '아주 특출남'을 주지요. 사람들은 제각각 다르고, 각자는 저마다의 재능과 목적이 달라요. 인생은 수치화할 수 없어요. 더 비싼 게 더 '좋은' 건 아닙니다. 더 비싼 집에 사는 게 당신을 더 '우월한' 사람으로 만들지 않아요. 당신은 영혼이 움직이는 똑같은 육신입니다. 비싼 가격표는 허영심이고 불필요해요. 사치는 짧게 끝나는 도파민과 그릇된 우월감을 줄 뿐이죠. 이런 걸 좋아하는 속이 빈 사람들로 인해 세상을 덜 행복해요. 사치는 허세예요. 행복이 아닙니다. 사치는 당신의 무지를 드러내요. 숫자는 잊어요. 당신이 사랑하는 것을 찾아 그것에 몰입해요. 그게 행복하고 만족스러운 삶을 사는 당신으로 만들 것입니다.

Fulfil | /펄필/ 이루다, 약속한 것을 이행하다
Misjudge | 잘못 판단하다
Bright | 머리가 좋은
Immerse | 액체에 담그다, 어떤 일에 깊게 빠지다

Expectations

Expect happy, you are happy. Expect unhappy, you are unhappy. Expect faith from your partner, you get a faithful companion. You get what you imagine. You get what you see. You meet the people in the way you perceive. Perceptions are your own window to the world. Some are tinted in red, some are darkend, and some are covered in mud. It's your opinion, bias and judgement. This window is shaped by your life experiences. Which means, this is not true. Intelligent mind is one that maintains a clean window; unbiased, truthful, and all-seeing. Cleaning the window takes some effort. But boy it's worth it.

Faith | 신념, 깊은 믿음
Perception | 인식, 의견, 판단, 관점

기대

행복할 거라 기대하면, 행복해요. 불행할 거라 기대하면, 불행해요. 파트너가 정절을 지킬 거라 기대하면, 그런 동반자와 함께 해요. 상상이 현실이 됩니다. 보는 대로 얻어요. 당신이 사람들을 보는 대로 그런 사람들을 만납니다. 인식은 세상을 보는 당신의 창문이에요. 어떤 창문은 붉게 물들어있고, 어떤 건 어둡게, 어떤 건 흙탕물에 덮여 있어요. 이게 당신의 주관이고 편견이며 판단입니다. 삶을 통해 얻은 당신의 경험들이 이 창문의 모양을 만들어요. 그러므로 인식은 진실이 아닙니다. 지성이란 깨끗하게 유지한 창문이에요. 어느 한쪽으로 치우치지 않고, 진솔하고, 한 부분이 아니라 전체를 바라봅니다. 꽤 애를 써야 당신의 창문을 깨끗이 할 수 있어요. 오 그러나 그럴만한 가치가 충분합니다.

Bias | 편애, 편견
Boy | 진한 감정을 표현하는 감탄사 (주로 놀라울 때)

Do your homework

No, there is no luck, but the luck you make for yourself. Believing in myth is leaving your life to chances. You believe superstitions because you are insecure. You are insecure because you lack knowledge. Think. Wisdom is secure and content. Luck is what you get when you have done your due diligence. Luck doesn't matter to the winner. You win anyway because you have done your practices. Luck is you. You are the luck. Do what is necessary. You will get the outcome you desire. Nothing happens when you do nothing.

Myth | 1. 전해내려오는 이야기, 신화 2. 많은 사람들이 믿지만 잘못된 믿음이나 생각, 미신
Chance | 무엇이 일어날 가능성, 확률

할 일을 하자

진정한 행운은 스스로 만드는 운입니다. 미신을 믿는 건 인생을 확률에 맡기는 것과 같아요. 불안하기 때문에 미신을 믿어요. 불안한 이유는 앎이 부족하기 때문입니다. 생각해요. 지혜로운 사람은 안정적이고 내면이 충만합니다. 해야 할 일을 다하고 나면 얻는 게 행운이에요. 얻는 자에게 운은 중요치 않아요. 수련을 거쳤기 때문에 운과 상관없이 원하는 결과를 만듭니다. 행운은 당신이에요. 당신이, 당신이 찾는 행운입니다. 해야 될 일을 해요. 그러면 목적을 이룹니다. 아무 일도 하지 않으면 아무 일도 일어나지 않아요.

Insecure | 불안정한, 불확실한, 자신이 없는
Secure | 안정적인, 확실한, 안전한
Win | 성공적이다, 이기다, 얻다

New world, new paths

Our parents have lived in a world that is different to the current world. They have acquired wisdom and know-how from living through a world of the past. Some may work this time; some may not. We live in a world with new problems and new opportunities. The observant eye to recognise the new opportunities and decisive actions followed by it will be an accomplishment of the new world. This time is a new time. There is nothing to be jealous about. We must be busy looking closely into the new time. There lies the new golden ore.

새로운 세상엔 새로운 길로

우리 부모님이 살아온 세상은 우리가 살아가는 세상과 다릅니다. 그들의 지혜는 과거에서 얻은 지혜와 노하우예요. 어떤 건 이 시대에도 들어맞고, 나머진 그렇지 않아요. 지금 시대에는 새로운 문제와 새로운 기회가 있어요. 이 새로운 기회를 알아보는 안목과 그에 따른 결단력 있는 행동력이 새로운 세상에서의 성취를 이룰 겁니다. 이 시대는 새로운 시대예요. 다른 사람을 보고 질투할 필요가 없어요. 지금 시대의 흐름에 몰입해 관찰하기 바쁘면 자연히 잘 될 겁니다. 여기에 새로운 금광이 있어요.

Imperfections are beautiful

Now, let the journey begin. Our life is what our mind creates. A wise man will tell you that life is made of ups and downs. Everything and everyone in this universe has its pros and cons. Which means, there is no such thing as perfection in the world. You are not perfect. I am not perfect. And we don't have to be. Your friends, your parents, your partner can never be perfect for you. We are to accept this fact. It's the truth to embrace. We shall greet our imperfections with a smile. Now, look into the mirror and say to yourself: "I don't have to be an ideal person. I am beautiful as I am." And your mind will see the beauty of everything.

Imperfection | 결점이나 단점, 결함, 잡티나 원치 않는 부분들 (한국 문화의 미의 기준은 완벽함인데, 영어권 문화에서 미의 기준은 불완전함 속의 아름다움이다. 이는 일반화하는 말이 아니며, 일반적이라는 뜻이다.)

불완전함은 아름답다

이제 여정을 떠나봐요. 우리의 삶은 우리의 마음이 만드는 거예요. 삶은 올라갈 때와 내려갈 때의 연속이라고 지혜로운 사람이 그러죠. 이 우주의 모든 것과 모든 사람에겐 장점과 단점이 공존해요. 무슨 말이냐면, 이 우주엔 '완벽'이라는 것은 없어요. 당신도 완벽하지 않고, 저도 완벽하지 않아요. 완벽할 필요도 없어요. 당신의 친구들도, 부모님도, 파트너도 당신에게 완벽할 수는 없어요. 이 사실을 받아들여야 해요. 품어 안을 진리니까요. 우리의 불완전함을 미소로 맞이해요. 이제, 거울을 보고 당신에게 말해봐요. "나는 완벽한 사람이 될 필요는 없다. 나는 나대로 이 자체로도 아름답다." 그러면 세상 모든 것에서 아름다움을 알아볼 눈을 갖게 될 거예요.

Pros and cons | 장단점 (꼭 함께 묶어서 말하고, 따로 말할 땐 다른 단어로 말한다.
The advantage is ~. The disadvantage is ~.)

Faith

Dear the person who is reading this,

Life throws at you all kinds of trials. Some may distrust you, betray you, doubt what you can do. But I believe in you. I trust you will get up in the morning and do the things necessary to make your life a content one. After all, your life is neither for your parents nor for anyone else but you. It's your life. And your life is what you make of it. Life is nothing else. What you do today is your life.

Love,
Your Spirit

신념

이 글을 읽는 분께,

인생은 당신에게 온갖 시험을 줍니다. 어떤 사람들은 당신을 불신할 것이고, 어떤 사람들은 배신을, 어떤 사람들은 당신의 능력을 의심할 것입니다. 그렇지만 전 당신에게 신념이 있습니다. 당신이 아침에 일어나 해야 할 일을 하여 당신의 인생을 만족스럽게 만들 거라 압니다. 결국 인생은 당신의 부모님을 위한 것도 아니고, 다른 그 누구를 위한 것도 아니며, 오직 당신만을 위한 것이니까요. 당신의 인생입니다. 당신의 인생은 당신이 경작하기 나름입니다. 별게 아니지요. 오늘 무엇을 하느냐가 바로 당신의 인생입니다.

사랑으로,
당신의 영혼이

Don't blame the circumstances for your fault

Do what I have to. My past experiences were meant to be happening. It's my trials. Any experience shapes the character that I am today. Good or bad, the experiences are mine. Embrace it. Born into a family that didn't have much? Embrace it and use it to my advantage: I can survive with little, I have the willpower to change my life stronger than those from the well off, I have a thirst to do something about our world rather than sitting on a couch wasting food doing nothing. Born into a wealthy family? I shall not fall into the trap of thinking that my parents' money is mine, and go out and build experiences that will last my lifetime'. Being born rich is a disadvantage for the most part; I have less chance of becoming immortal. Don't blame anything. Excuses are for losers. Winners do what they have to do with what they currently have. Life is mine and mine alone. I am the captain of the ship called My Life.

나의 잘못을 환경 탓하지 않기

당신이 해야 될 일을 해요. 과거에 일어난 일들은 일어날 이유가 있어서 일어났습니다. 그건 당신의 시험이었어요. 어떤 경험이든 그것은 당신이라는 캐릭터를 만들었어요. 좋든 나쁘든 그 경험은 당신 것입니다. 받아들여요. 가난한 집에 태어났나요? 받아들이고 이를 당신의 강점으로 써보세요. 당신은 없어도 살아남을 수 있고, 잘 사는 집에 태어난 사람들보다 더 강한 의지력으로 당신의 인생을 바꿀 힘이 있어요. 음식이나 축내고 아무것도 안 하면서 인생을 낭비하기보다, 세상을 위해 무언가를 하고 싶은 갈망이 당신에게 있습니다. 부잣집에 태어났나요? 부모님의 부가 당신 것이라고 착각하지 않아야 성장할 수 있어요. 세상으로 나가 오래 남을 경험을 쌓아요. 부잣집에 태어난 것은 대체로 단점입니다. 역사에 남을 인물이 될 가능성이 더 희박해요. 탓하지 말아요. 변명은 지는 사람이 합니다. 되는 사람은 지금 가진 것으로 할 수 있는 일을 해요. 인생은 당신의 것이고 당신만의 것입니다. 당신은 '당신의 인생'이라는 배의 선장이에요.

Trap | 함정
Lifetime | 한 사람이 살아있는 시간

Habits determine everything

We are water. We move with the flow we've made. Some of us are babbling brooks. Some of us are middle-class streams. Some of us are imposing rivers. Lakes are retirees. All of us are born from heaven. Still waters go bad. We must go. We run towards the end of our cycle—the ocean. And the life cycle starts over again through the rain on the mountains. We are water. What we achieve throughout the course of our life comes from our flow—our habits. The speed and size of the flow is however determined by our will. What water are you? What water would you want to be?

Babble | 미련하고 쓸데없는 얘기를 재잘재잘하다, 물이 졸졸 흐르는 소리를 내다

습관이 모든 것을 결정짓는다

우리는 물이에요. 우린 우리가 만든 물결을 따라 움직입니다. 어떤 사람들은 졸졸 흐르는 시냇물이고, 어떤 사람들은 중간 크기의 개울물이며, 어떤 사람들은 웅장한 강물입니다. 호수는 은퇴한 사람들이에요. 우리 모두는 천상에서 왔어요. 고인 물은 썩고 말죠. 우린 움직여야 해요. 생명 주기의 마지막을 향해 우린 달려갑니다. 바다로. 그리고 그 생명은 산에 내리는 비가 되어 다시 시작돼요. 우리는 물이에요. 우리가 일생 동안 이루는 모든 것들은 우리의 물결을 통해 이룹니다. 바로 습관이에요. 물살의 속도와 크기는 우리의 의지가 결정합니다. 당신은 어떤 물인가요? 어떤 물이 되고 싶은가요?

Cycle | 순환 주기
Imposing | 웅장한, 으리으리한, 인상 깊은

Dream

A boy dreams. He dreams of the skies. He would always take the seat by the window. In classrooms, as he studies, he would look out the window, dreams. The boy dreams of flying in the sky. He studies because he has a dream. He would write on his desk the wonderful word starting with an 'a' followed by a 'v' and ends with the magnificent sound 'tor'—Aviator. The word is enough to make his heart pound. Imagination is the birthplace of happiness. It gives him the drive to do something for a prolonged period. He is a dead man without a dream that drives him forward. Visualisation is the drawing in which all dreams are built upon. One that differentiates a great achiever from dreamers is the habit of making actions each day. Write your dreams down. It will be actualised.

By | 옆에
Pound | (심장이) 뛰다
Birthplace | 태어난 곳

꿈

소년은 꿈꿉니다. 하늘을 꿈꿔요. 소년은 항상 창가에 앉아요. 교실에서 소년은 공부하며 창밖을 내다보고는, 꿈꿉니다. 하늘을 나는 꿈을. 소년이 공부하는 이유는 꿈이 있기 때문이에요. 책상에 'a'로 시작해 'v'로 이어지며 장엄한 소리 'tor'로 끝나는 단어를 써요. Aviator (비행사). 이 단어만으로도 소년의 가슴을 뛰게 하기 충분해요. 상상에서 행복이 피어납니다. 상상이 무언가를 장기간 끌고 갈 수 있는 원동력이에요. 삶을 진보하게 하는 꿈이 없다면 소년은 죽은 사람이죠. 시각화는 모든 꿈이 지어지는 도안입니다. 몽상가와 성취가를 구분하는 것은 매일 그 꿈을 위한 일을 하는 습관이에요. 종이에 꿈을 손으로 써요. 그러면 곧 그 꿈이 이루어질 거예요.

Prolonged | 기간이 늘어난, 더 오랜
Visualise | 시각화하다
Differentiate | 차별화하다
Actualise = Realise | 현실화하다

Why stress is good for you

In the beginning, we were animals. Animals who work for their necessities. When we have enough supplies, we don't feel the need to work because it's not necessary. To stay alive and remain healthy, we constantly have to invent the need to work our mind and body. If we lose a reason for being, our mind and body will fail. That's the point we die. It's not the body that keeps us going. It's the soul that orders the body to go or stop. Passion guides our body. Love is what keeps us alive. For love to exist, hate has to go along with it. The coexistence of light and shade—that is the nature of this universe. A healthy dose of stress and risk is essential for us to stay lively, and happy.

Supplies | 필요한 것들
Constantly | 지속적으로
Keep | 계속하다

스트레스가 좋은 이유

태초에 우린 동물이었어요. 생존을 위해 필요한 것을 구하는 동물. 필요한 게 충분히 갖춰지면 일을 할 필요를 못 느끼게 돼요. 생명과 건강을 유지하기 위해 우린 끝없이 우리의 몸과 마음을 쓸 목적을 만들어 내야 해요. 살 이유를 잃으면, 몸도 마음도 무너져요. 그게 우리가 죽는 시점이죠. 육신이 우릴 살아있게 하는 게 아니에요. 영혼이 몸에 살지 말지를 명령해요. 열정이 우리 몸을 이끕니다. 사랑이 우릴 살아있게 해요. 사랑이 있으려면 싫은 것도 꼭 함께 있어야 해요. 빛과 어둠의 공존, 그게 바로 이 우주의 본성이니까요. 적당한 스트레스와 리스크는 건강하게 살아있기 위해, 행복하기 위해 꼭 필요합니다.

Coexistence | 함께 존재, 공존
Nature | 본성
Dose | (약의) 복용량

Success v Growth

Success is one-off and ephemeral. Success means accomplishing an aim. It doesn't bring about a happy life. It's just one moment of life. Success is for the short-sighted.

Growth is different. G is for the golden. Gold lasts. Gold is attained through refining; getting rid of what is not gold. Growth happens from having a long-term view of life. Growth-mindset makes a great difference. Golden minds are valued higher in times of turmoil. Crisis is a moment of truth. This makes the weak fall apart, the strong rise higher.

You are not a pre-made bowl. You are a mindset that can change.

One-off | 한 번만 일어나는
Ephemeral | 짧게 있다 사라지는
Get rid of | 없애다
Long-term view | 장기적 시각

성공 v 성장

성공은 단편적이고 일회성입니다. 성공은 어떤 목표를 달성함을 뜻해요. 성공했다고 인생이 해피엔딩하는 게 아닙니다. 성공은 단지 인생의 한순간일 뿐이에요. 성공은 멀리 내다보지 못하는 사람들이 좇는 것입니다.

성장은 다릅니다. 성장 (Growth)의 G는 금빛 (Golden)이에요. 금은 변함없이 지속돼요. 금은 금이 아닌 불순물을 정제하여 얻습니다. 인생을 길게 내다보는 데에서 성장이 이루어져요. 성장을 추구하는 태도가 비범한 결과를 만들어요. 이런 금빛 생각법은 혼란과 위기에서 더 빛을 발합니다. 위기는 강인한 마음과 나약한 마음을 구분 짓는 때예요. 위기 속에서 미성숙한 사람들은 주저앉고, 성숙한 사람들은 더 크게 성장합니다.

당신은 이미 만들어져 그 크기가 정해진 그릇이 아니에요. 당신은 변할 수 있는 마음가짐입니다.

Turmoil | 굉장히 혼란스럽고 불확실한 상태
Crisis | 위기
Fall apart | 부서지다, 떨어지다
Pre-made | 미리 만들어진

Wrong love

There is a girl whose parents love her. Her parents take care of everything she does. They buy her a bunch of luxury items for no reason. They give her a credit card to buy anything with. They love her even though she comes home from school with a grade nearly zero. They spend thousands of dollars on private tuition for her. But she wastes that opportunity. She doesn't have to do anything, because her parents do everything for her. By the time she reaches 20, she has no strength of her own to live her life. She is a quitter. She quits everything she finds a bit tiring. She doesn't learn that she has to work in order to get things she needs and wants. Yet she has extraordinary expectations of herself. She thinks she will become a successful person, while doing nothing for it. She is entitled. She is spoiled. And worst of all, she is ungrateful. The life of a useless person is ahead of her. Her parents love her, but the way of love is wrong.

Entitled person / mentality | 한 일도 없으면서 높은 대우를 받을 자격이 있다고 여기는 사람 / 사고방식, 다른 사람의 감정을 헤아릴 줄 모르고 일에 대한 개념이 없음에도 자신은 특별하다고 생각하는 사람 (부모의 지나친 관심과 과한 애정에서 비롯한)

잘못된 애정

부모님의 사랑을 받는 한 소녀가 있어요. 소녀가 하는 모든 일을 일일이 부모님이 챙겨줍니다. 아무 이유 없이 사치품을 듬뿍 사줘요. 신용카드를 주고 무엇이든 사라고 해요. 학교에서 0점을 맞아 와도 여전히 사랑해 줘요. 과외로 한 달에 수백만 원을 써요. 그런데 소녀는 이 기회를 낭비해요. 소녀는 아무것도 할 필요가 없어요. 부모님이 다 해주시니까요. 스무 살이 된 소녀는 자기 인생을 스스로 살아갈 능력이 전혀 없어요. 소녀는 뭘 하든 쉽게 관둡니다. 조금만 피곤하면 관둬요. 갖고 싶은 것을 갖기 위해 일해야 한다는 사실을 전혀 배우지 못했어요. 그런데 자신에 대한 기대는 어마어마하게 큽니다. 소녀는 당연히 성공적인 사람이 될 거라고 생각합니다. 그를 위해 아무것도 안 하면서요. 소녀는 무능한데 자만에 빠져있어요. 잘못 배웠죠. 더 나쁜 것은, 감사할 줄 모르는 것이에요. 무쓸모한 사람의 인생이 소녀 앞에 펼쳐져 있습니다. 소녀의 부모님은 소녀를 사랑합니다. 그러나 사랑의 방식은 잘못되었어요.

Spoiled child | 버릇없는 아이 (감사할 줄 모르고 받은 것을 당연시하는)

Empowering love

There is a boy, whose parents trust him. He is only eleven years old, but goes to hagwon himself. His parents don't drive for him. His parents ask for his opinion whether he wants to go to any hagwon. The decision is up to the boy, and the consequences are his own. His parents would find a great teacher for him, but also teach him that it's not to be taken for granted. They teach him values, first and foremost. Despite his young age, he understands how the world works. Because of this, he is grateful for what his parents pay for him. He does not want to waste the opportunities his parents give him. He makes the most out of it, and moves onto the next. He is still in his primary school, but already making his mark. He succeeded in important interviews in English. He didn't just pass it; he impressed the interviewer with a high distinction. What makes a difference for him is his attitude. Gratitude. Proactiveness. Growth mindset. No one doubts his future becoming great, as his parents taught him responsibility and self-reliance.

Hagwon | 한국의 학원
Consequence | 어떤 행동에 대한 결과
Distinction | 비슷한 물건이나 사람 간의 차별점

힘을 불어넣어 주는 사랑

부모님의 신뢰를 받는 소년이 있어요. 소년은 11살밖에 안 됐지만 학원을 스스로 갑니다. 부모님이 차를 태워주지 않아요. 어떤 학원이든 소년의 의견을 물어봅니다. 결정은 소년이 해요. 그리고 그 결과에 대한 책임도 소년이 집니다. 부모님은 훌륭한 선생님을 찾아주긴 하지만, 이걸 당연시해서는 안 된다고 가르칩니다. 무엇보다도 먼저, 소년에게 가치가 무엇인지 알려줘요. 어린 나이에도 소년은 세상이 어떻게 굴러가는지 이해해요. 그렇기에 부모님이 자신을 위해 쓰는 자원에 소년은 감사합니다. 부모님이 주신 소중한 기회를 본인이 스스로 낭비하고 싶지 않아 해요. 하나의 기회에서 최선을 얻어낸 다음, 다음 것으로 넘어가요. 소년은 아직 초등학생이지만, 벌써 두각을 드러내고 있어요. 소년은 중요한 영어 인터뷰를 성공적으로 해내었어요. 그냥 통과만 한 게 아니라, 면접 담당자가 놀랄 만큼 깊은 감명을 주었죠. 소년이 성공한 이유는 그의 태도 때문이에요. 감사하는 태도. 스스로 먼저 행동하는 태도. 사람은 변할 수 있고 지금은 못 해도 곧 잘할 수 있다는 정신적 태도. 소년의 부모님이 그에게 책임감과 자기의존을 가르쳤기에 그 누구도 소년의 미래가 훌륭할 것을 의심치 않아요.

Proactive | 먼저 행동하는 (솔선수범), 일이 일어난 뒤에 반응하는 게 아니라, 상황을 직접 만들고 관리하는
Self-reliance | 자기의존, 스스로에게 의지함, 독립

Get better everyday

We are born helpless. We are made imperfect. Any difference we make on the surface of the earth is only done through incremental developments. Nothing great is created overnight. All the geniuses did their studies, went through trials and errors, before they reached the height of genius. It's the same 24/7 times 52 that we have to do something. It's rolling the same snowball over a period of time. As it grows to a certain point, it gets bigger exponentially—provided that we don't stop. All we need is this growth mindset. A loser now can later be a winner. There is no lasting success without continuous adaptations and growths.

Helpless | 도움 없이 아무것도 할 수 없는
Incremental | 점점 증가하는
Overnight | 하룻밤 사이, 일순간

날마다 더 나은 사람 되기

태어날 때 우린 아무것도 스스로 할 수 없었어요. 인간은 불완전한 존재에요. 지구라는 행성 위에서 인간이 이뤄내는 괄목할 만한 모든 성취는 지속적인 개발로만 가능합니다. 하루아침에 일어나는 일은 없어요. 모든 천재도 공부의 양을 해냈고, 시행착오를 거쳐 천재라 불리는 수준에 이르렀어요. 우리에겐 똑같은 하루 24시간에 52주가 주어졌어요. 하나의 눈 뭉치를 굴리는 일이에요. 이 눈 뭉치가 일정 크기에 이르면 커지는 속도가 기하급수적으로 증가합니다. 눈 뭉치를 굴리는 걸 멈추지만 않는다면 말이에요. 이렇게 변할 수 있고 성장할 수 있다는 믿음만 있으면 돼요. 지금 아래에 있는 사람도 위에 설 수 있어요. 변하는 환경에 끊임없이 적응하고 그 안에서 성장하면 영속하는 성공을 이룩할 수 있습니다.

Trials and errors | 시행착오
Exponential | 급격하게 증가하는
Adaptation | 적응

Low Expectations

Happiness is a by-product of low expectations. The key to your happiness is expecting little from people. The secret to a happy marriage is your and your partner's low expectations. The higher the expectations, the bigger the disappointments. The lower the expectations however, the bigger the gratefulness. We are vulnerable to greed. Low expectation takes some practice. We are to try take ourselves not too seriously. In life, there are things that are too serious to be taken seriously. Expect less. Then everything you gain is a surplus to your life. Life is a blessing itself.

By-product | 어쩌다가 혹은 부차적으로 얻어지는 것, 부산물
Vulnerable | 영향을 받기 쉬운

낮은 기대치

행복은 낮은 기대에서 오는 부산물입니다. 타인에 대한 기대가 낮으면 행복해요. 행복한 결혼생활의 비결은 기대치를 낮추는 거예요. 기대가 높을수록 실망도 크죠. 기대가 낮을수록 작은 것에도 감사해요. 사람의 욕심은 끝이 없어요. 기대를 낮추는 건 연습이 필요합니다. 자신을 너무 진지하게 받아들이지 않아야 해요. 인생엔 너무나 중요한 나머지 너무 중요하게 여길 수 없는 것들이 있어요. 기대하지 말아요. 그러면 당신이 받는 모든 것은 플러스가 됩니다. 삶 그 자체가 축복이에요.

Greed | 지나치게 이기적인 욕망
Blessing | 축복

How expectation works

The energy of the universe works the opposite way when it comes to expectations. When you expect something to happen, it doesn't happen the way you expect to be. Drop the expectations. There is no use to it. It needs some practice to lose expectations. When you have lower to no expectations, you will be grateful for what comes your way naturally. Genuine happiness comes of gratefulness. Conversely, unhappiness is born of taking things for granted.

기대 작동법

우주의 기운은 기대와는 반대로 작용합니다. 어떤 일이 일어나리라 기대하면 기대와는 다르게 일어나요. 기대를 내려놓아요. 기대는 쓸모가 없어요. 기대를 놓는 데는 약간의 연습이 필요해요. 기대가 낮거나 없으면 자연히 당신에게 일어나는 일들에 감사함이 절로 느껴질 거예요. 진정한 행복은 감사에서 옵니다. 반대로, 당연히 여기는 데서 불행이 와요.

None is wrong

In the right light, at the right time, everything can be extraordinary. I shall not let myself down by the current state of things. A big part of success has to do with being at the right place at the right time, in which I lack the full control of. Yet if I continue leading a life of authenticity, there will be a time coming, when the quality of my work will be known and valued by the right people.

잘못된 것은 없다

적절한 시기와 판단 기준에는 모든 것이 훌륭합니다. 지금의 상태로 인해 자신을 실망하게 하지 말아요. 성공의 큰 조건 중 하나는 적재적소에 있는 것인데, 이는 당신의 마음대로 할 수 없어요. 그렇지만 진정성을 갖고 앞으로 나아가다 보면, 당신의 때가 올 거예요. 당신이 하는 일의 질이 입소문을 타고 알려지고, 적절한 사람들의 마음에 들면 당신의 성공은 그때 올 거예요.

What are you?

You can choose to speak sophisticated language; you can choose to speak thoughtlessly. You can choose to be noble; you can choose to be vulgar. You can choose to be educated; you can choose to be stupid. You can choose to make the world a better place; you can choose to make money for your selfish pleasures. You can opt for solitude and leave outstanding work that adds to the pool of human knowledge; you can go for passing down your genes for the future of humanity. You can decide to leave food and buy new clothes and speed up the climate crisis that can wipe out humanity; you can decide to not leave food and not buy new clothes and educate yourself on how to go carbon neutral and see further than your dim pleasures. It's all a choice.

You | 일반적인 진리나 교훈을 말할 때 영어로는 You를 주어로 말한다
Solitude | 혼자 사는 것에 만족하는 태도
Pass down | 물려주다

나는 누구인가?

세련된 언어로 말하길 선택할 수 있어요. 생각 없이 아무 말이나 내뱉길 선택할 수도 있어요. 고상하길 선택할 수 있어요. 상스럽기를 선택할 수도 있어요. 잘 배운 사람이 되길 선택할 수 있어요. 멍청하길 선택할 수도 있어요. 세상을 더 나은 곳으로 만들길 선택할 수 있어요. 이기적인 욕망을 위해 돈만 어떻게든 벌 수도 있어요. 비혼으로 살며 위대한 업적을 남겨 인류의 지식에 기여할 수 있어요. 인류의 미래를 위해 유전자를 세상에 남기고 떠날 수도 있어요. 음식을 남기고 새 옷을 사며 기후 위기를 가속화해 인류를 위협하도록 결정할 수 있어요. 음식을 남기지 않고 새 옷은 사지 않으며 탄소 배출을 줄이는 방법을 알아보아 무지한 쾌락 그 이상을 추구하길 결정할 수도 있어요. 모든 것은 그저 선택입니다.

Wipe out | 완전히 없애버리다, 수많은 사람들을 죽이다
Dim | 이해가 느린, 멍청한
Pleasure | 오락, 쾌락

Forever is composed of nows.

- Emily Dickson -

—

시간은 과거와 현재, 그리고 미래로 이루어진 것이 아니다.
영원은 현재만으로 이루어진다.

CHAPTER
2

Paint
행복한 생각 그리기

Happy mind deserves happiness

Happiness belongs to those who deserve it. Unhappy people are as such because they see the world through an unhappy hole. Happiness flowers from within. It's your state of mind. It's how you perceive things. If you blame external things for your unhappiness, you deserve unhappiness. Happiness is acceptance. Happy is not about having more. Happy is about seeing things in a happy way. Assume happiness. It will come to you.

Assume | 증거나 근거 없이 가정하다, 취하다, 갖기 시작하다

행복하게 생각하면 행복이 온다

행복은 행복을 받을 자격이 있는 사람의 것입니다. 불행한 사람은 세상을 불행 구멍으로 보기 때문에 그렇죠. 행복은 당신 안에서 피어납니다. 행복은 당신의 마음 상태입니다. 세상을 어떻게 바라보느냐가 행복과 불행을 결정해요. 당신이 어찌할 수 없는 것들이 불행의 원인이라고 탓하면 불행할 만도 합니다. 받아들이는 데서 행복이 시작돼요. 무엇이 많다고 행복한 게 아니에요. 무엇이건 간에 그를 행복하게 보면 행복해요. 마음에 행복을 품어요. 그러면 행복할 거예요.

Presume | 증거나 근거에 의해 가정하다

Aspirations

Success depends on you. It's up to how you do it. Also, it's up to how you define it. Growing up with less, you might think success is a monetary one. You may think making tons of money and a display of your money is a success. That's a very limited life. Social success can make your parents proud of you, but it doesn't make you any happier. You have to make sacrifices to get something in return. Here, it's your peace. You will have to take on a great deal of stress and hard work to attain such success. But if you think differently, living peacefully is also a successful life. You don't find meanings outside of you. You find meanings within you. You don't have to look successful when you are content. By knowing what type of person you are, you can aspire to what is right for you. This is true success.

인생의 방향

무언가를 이루어내는 것은 전적으로 당신에게 달렸어요. 당신이 어떻게 하느냐가 결과를 달리합니다. 성공은 당신이 정의하기 나름이에요. 없이 자랐다면, 당신에게 성공은 돈과 관련이 있을 것입니다. 돈을 많이 벌어 비싼 물건들을 사는 게 성공이라고 생각할 거예요. 그것은 그러나 한계가 있는 인생입니다. 사회적인 성공은 부모님이 당신을 자랑스러워하게 만들지언정, 당신 자신을 행복하게 하진 않아요. 무언가를 얻기 위해서는 그에 합당한 희생을 해야 해요. 그 희생은 당신의 평화로운 일상입니다. 성공을 얻기 위해 굉장한 스트레스를 감내하며 열심히 일해야 해요. 그런데 생각을 달리하면, 평화롭게 사는 것 또한 하나의 성공적인 인생입니다. 당신 이외의 것에서 큰 의미를 찾지 않는 것이지요. 당신 자신에서 의미를 찾는 일입니다. 당신 안이 충만하면 겉으로 성공한 것처럼 드러나 보이려고 애쓸 필요가 없어요. 당신이 어떤 사람인지를 앎을 통해 무엇을 추구하는 삶이 당신에게 맞는 삶인지 알 수 있습니다. 이것이 진정한 성공이에요.

My hat in this world

Each of us is born with our own purpose. A famous person has a purpose that may be different from my own. A rich person has their own function in this world, and it may not be the same as mine. Mothers have a core role in our world, without whom we do not exist in the first place. Fathers have other roles that make things work for our species to function. What is your purpose? What is your function in this world? What is the meaning of your life? Why do you exist? What makes you want to live for?

Hat | 역할(을 달리 부르는 말), 모자(의 통칭)

나의 역할

우리는 각자가 저마다의 고유한 목적을 품고 태어났습니다. 유명한 사람은 당신과는 다른 목적을 타고났을 거예요. 부유한 사람은 이 세상에서 다른 기능을 맡았을 뿐이고, 그게 당신과는 다를 수 있어요. 어머니들은 우리 세상에서 가장 중심이 되는 역할을 맡았지요. 어머니가 없다면 우리가 존재조차 하지 못했을 테니까요. 아버지들은 인간이 제 기능을 할 수 있도록 무언가가 굴러가게 하는 역할을 맡았어요. 당신의 존재 이유는 무엇인가요? 이 세상에서 맡은 당신의 역할은 무엇인가요? 당신만의 인생의 의미는 무엇인가요? 당신은 왜 살아있나요? 무엇이 당신을 살고 싶게 하나요?

Function | (동사) 제대로 작동하게 하다, 기능하다, (명사) 사람이나 물건이 자연적으로 타고난 활동, 기능

Relationships

Man in Chinese letters is . Man can neither be happy alone nor live alone. Happiness is serotonin. Serotonin is mostly produced in your gut. It stabilises your mood and anxiety, and helps you sleep well—a recipe for happiness. You can get serotonin from bright sunlight. So we are happy when the day is clear. But not every day is sunny. Being in a healthy relationship releases serotonin. Making love boosts serotonin. Couples are happier than singles in global research papers. Being lonely is as bad as smoking half a pack of cigarettes a day or being obese. Hence the mature and enduring way to happiness is learning to make relationships work. You can't live alone. It's the nature of human beings.

Stabilise | 안정적이게 하다
Mood | 기분 (분위기는 atmosphere, ambiance)

인간관계

사람은 한자로 人입니다. 사람은 혼자서는 행복할 수 없고, 혼자서는 살아갈 수 없기 때문이에요. 행복은 세로토닌입니다. 대부분의 세로토닌은 장에서 생성돼요. 세로토닌은 기분을 좋게 하고 불안을 해소하며 잠을 잘 자게 해요. 그야말로 행복 레시피입니다. 밝은 햇빛을 보면 세로토닌을 얻을 수 있어요. 그래서 날씨가 좋으면 기분이 좋아요. 그러나 매일 날씨가 좋지는 않죠. 건강한 인간관계에 있을 때 세로토닌이 분출됩니다. 사랑을 나누는 것도 세로토닌을 분비해요. 국제 연구 조사 결과에 따르면 커플들이 싱글보다 행복합니다. 외로움을 느끼는 건 매일 반 갑의 담배를 피우거나 비만인 것만큼 해로워요. 고로 성숙하고 지속적으로 행복을 얻는 길은 인간관계를 잘 유지하는 법을 배우는 것입니다. 사람은 혼자 살 수 없어요. 인간의 본성이 그렇습니다.

Anxiety | 불안
Recipe | 레시피
Obese | 비만의

Broaden your perceptions

The world you think you know is limited by your perceptions. What you believe to know is only an opinion. Everything you hear is in fact a perspective. There is no truth except for the truth that you live and die. It's through this awareness of our ignorance we can enrich the time in-between. As we learn, we see more. As we see more, we have more options in our hands to pick for our own nourishments. Life can be so much more fulfilling and colourful than what we found. This is enabled by broadening your perceptions. Learn the world language. See how people on the other parts of the planet take their life. You will give yourself the opportunity to live ever so serene and illuminating.

Perspective | 관점
Awareness | 깨어있음, 인지
Ignorance | 무지
Enrich | 질이나 가치를 더 높이다

인식 넓히기

당신이 안다고 생각하는 세상은 당신이 알아보는 만큼입니다. 안다는 믿음은 하나의 의견에 불과해요. 당신이 듣는 모든 것은 알고 보면 하나의 관점일 뿐입니다. 당신이 살고 죽는다는 진실 외에는 진실이 많지 않아요. 자신의 무지에 대한 자각을 통해서 우린 살아있는 이 시간을 풍요롭게 만들 수 있어요. 배울수록 더 많은 걸 알아봅니다. 더 많은 걸 알아볼수록 당신의 삶을 풍족하게 할 많은 선택지들이 당신의 손안에 들어옵니다. 인생은 당신이 타고난 것보다 훨씬 더 만족스럽고 다채로운 인생이 될 수 있어요. 당신의 인식을 넓힘으로써 가능합니다. 세계어를 배워봐요. 이 행성 다른 곳의 사람들은 자기 인생을 어떻게 받아들이고 살아가는지 알아봐요. 그러면 당신 자신에게 훨씬 더 평온하고 빛나는 삶을 살 기회를 선물할 수 있어요.

In-between | 사이에
Nourishment | 양분
Enable | 가능하게 하다
Serene | 평화로운, 평안한

On Taxes

What separates unhappy people from happy ones is their gratitude. People can't be perfect. Sure, some taxes are misused. But most taxes are used wisely. People are not crazy when it comes to money. Look at the public roads. There are countless lights, asphalts, road signs, and guard rails. And they stay clean and functional. Try to build that with your own means. Go abroad. See how the Korean passport is treated. We are welcome in most countries. This is a reputation that our ancestors and public officers have built. Try to build this by yourself. I pay taxes. And I'm grateful for all these hardwares and softwares I get to use throughout the course of my life. I just need to mind if it is misused by a few greedy officers. I am fortunate to have been born in South Korea. If I were born just a little north of where I was born, I would have no freedom to do whatever I want to do with my life. I am thankful for everything I have, including my individual liberty.

Misuse | 잘못 쓰다

세금에 대해서

행복한 사람과 불행한 사람을 구분하는 하나는 감사하는 태도입니다. 사람은 완벽할 수 없어요. 그러니 일정 세금이 잘못 쓰일 수도 있죠. 그러나 대부분의 세금은 신중하게 쓰여요. 사람들은 돈에 있어서는 그리 멍청하지 않아요. 공공 도로를 봐요. 셀 수 없이 많은 조명과 아스팔트, 도로 표지판과 가드레일이 있어요. 다들 잘 작동되고 깨끗하게 유지돼요. 이 모든 것을 당신의 돈으로 다 지어보려 한다면 천문학적인 액수에 불가능함을 알게 될 거예요. 세계로 나가봐요. 대한민국 여권이 어떻게 대우를 받는지 봐요. 대부분의 나라에서 한국인을 좋아합니다. 이는 우리 앞선 세대들과 공무원들이 쌓아온 명성이에요. 이를 혼자 만들어보려 하면 막막할 거예요. 우린 세금을 내요. 사는 동안 받는 수많은 물질적이고 비물질적인 혜택들에 감사해요. 그저 일부 부패한 사람들이 세금을 오남용하지는 않는지 신경만 쓰면 돼요. 우리의 행운은 남한에 태어난 겁니다. 살짝만 북쪽에서 태어났다면 이 인생으로 원하는 것은 무엇이든 할 수 있는 자유를 갖지 못했을 거예요. 가진 모든 것에 감사해요. 개인적 자유를 특히.

Reputation | 평판, 명성

Efficiency

Get rid of the unnecessary. Your resources are finite. The energy you can allocate is finite each day. The things you do daily add up to something tangible. If you want to build something that will benefit others as well as your family for many years to come, you should go for the most valuable things to do everyday, and choose not to do the things that are ineffective for the purpose. Focus on impact. And all the little problems take care of themselves. The same goes for the people you spend time with. You don't need to spend your resources on building networks. If you build great skills and the right people will come to you. Lifetime is finite. Think. Time is of the essence.

Efficient | 최소한의 자원으로 최대의 생산성을 만드는
Effective | 원하는 / 의도한 결과를 내는 데 성공적인
Finite | 한계가 있는

효율성

불필요한 것을 없애요. 자원은 유한하니까요. 하루에 쏟을 수 있는 당신의 에너지는 한정적이에요. 매일 하는 일이 쌓여서 눈에 보이는 성취를 이뤄요. 다른 사람들과 가족에게 이익이 될 무언가를 시간을 들여 만들고자 한다면, 매일 가장 가치 있는 일을 골라 하고 목적에 부합하지 않는 일은 하지 않도록 선택해야 해요. 가장 큰 영향을 끼치는 일에 집중해요. 그러면 자잘한 문제들은 모두 알아서 해결돼요. 당신의 시간을 나누는 사람들도 마찬가지입니다. 인맥을 쌓기 위해 소중한 자원을 쓸 필요는 없어요. 당신의 능력을 계발하면 이것을 필요로 하는 사람들이 당신을 찾아와요. 살아있는 이 시간은 유한합니다. 생각해요. 온 우주에서 가장 중요한 것은 시간이에요.

Get rid of | 없애다 (버리거나 팔거나)
Tangible | 만질 수 있는
Be of the essence | '중요하다'의 최고급 표현

Accepting Haters

You can't please everyone. If someone doesn't appreciate what you are offering, don't take it personally. It's probably because of that they are not appreciated nor chilled. It's just that people are different. Or that their perceptions are limited and they are blinded by their prejudices or jealousy. Some people share the same values; and some do not. This is why we are happy when we hang out with those who speak the same language. If everyone thought homogeneously, our life would have been terribly boring. Some pokes here and there are fun. It spices up our life. Next time when some fools criticise what you are doing, just mind your business. Sour losers don't matter in this competitive world. Your life is too valuable to be spent on rude people. Appreciate your friends, walk away from haters.

Appreciate | 가치를 높게 평가하다
Homogeneous | 하나의 종류로만 이루어진

부정적인 사람들을 받아들이기

모든 사람의 마음에 들 순 없어요. 누군가 당신을 비난하더라도 그걸 개인적으로 받아들이지 말아요. 아마도 그 사람이 자기 일을 못해서 인정을 받지 못했거나, 일만 하고 쉬지 않아서 예민해서일 거예요. 그저 사람들이 다를 뿐이에요. 아니면 그 사람들의 인식이 그것밖에 되지 않아 편견이나 질투에 휩싸였을 뿐입니다. 어떤 사람들은 당신과 가치관이 맞고, 어떤 사람들은 맞지 않아요. 그렇기 때문에 우리와 말이 통하는 사람과 시간을 보내면 행복하죠. 모든 사람이 천편일률적으로 생각한다면 우리 인생은 미치도록 지루할 겁니다. 가끔 여기저기서 찔러주는 건 인생을 더 재밌고 풍미 있게 해요. 또 누가 당신을 비판하면, 그냥 하던 일에 집중해요. 이렇게 경쟁적인 세상에서 그런 씁쓸한 패자들은 중요하지 않아요. 당신의 인생은 무례한 사람들에게 쓰기엔 너무나 귀중합니다. 당신과 함께 하는 사람들을 더 소중히 여기고, 부정적인 사람들은 무시해요.

Poke | (동사) 손가락이나 뾰족한 물건으로 찌르다, (명사) 찌름
Matter | (동사) 중요하다, (명사) 물질, 고려할 것, 안건, 문제

No worries

There is no gain from worrying about things that have not taken place. When you go to Australia, people greet you with this saying: No worries! Yeah, no worries. Worries grow you old. Worries make your face age. Look at the faces of models and celebrities. Their faces have no worries. This is why we fall into them. They have what we don't have. So we yearn to have what they have. But if you practice having no worries, you can be self-reliant. You don't need anything but yourself. You are all you need to live your life. Things are merely tools to amplify your abilities. No more. Money is just a means to get what you want.

Yearn | 잃은 무엇을 진한 감정으로 그리워하다 (아이들은 대체로 걱정이 없고, 걱정은 어른들의 전유물)

걱정마

아직 일어나지도 않은 일들을 걱정하는 데서 얻는 건 없어요. 호주에 가면 사람들이 이렇게 인사해요. No worries! 맞아요, 걱정말아요. 걱정은 사람을 늙게 해요. 걱정은 얼굴도 늙게 해요. 모델과 연예인의 얼굴을 봐요. 걱정이 하나도 없는 얼굴이죠. 그래서 우리가 그런 이미지에 끌려요. 우리에게 없는 것을 갖고 있으니까요. 그래서 그들이 가진 것을 우리도 갖고 싶어지죠. 그런데 걱정하지 않기를 연습하면 타인에게 의존하지 않을 수 있어요. 당신 자신 말고는 아무것도 필요하지 않게 되죠. 삶을 살아가는데 필요한 모든 것은 당신 자신이에요. 물건들은 그저 당신의 능력을 증폭시킬 도구, 그뿐입니다. 돈은 갖고 싶은 걸 가질 수단일 뿐입니다.

Amplify | 소리를 크게 하다

Don't generalise

You see, nature is not biased. Nature doesn't favour one species to another. All living things on earth are working parts of the whole mechanism. It's like a mechanical watch. One missing part, the whole timekeeper stops. So don't generalise. Every part is different. No human being is exactly the same. But judge well, who is for you and who is against you. A right partner lifts you up. A wrong partner pulls you down. A happy partnership works wonders. An unhappy one destroys whatever you have built. But don't generalise on one specific thing. There always is an exception. This is the law of nature, as it flourishes on diversity.

Generalise | 일부 사례를 보고 일반화하다
Bias | 기욺, 편향, 편애, 편견

일반화의 오류

이봐요, 자연은 편견도 편애도 없어요. 자연은 특정한 종을 다른 종보다 더 좋아하지 않아요. 지구상의 모든 생명체는 이 하나의 시스템의 중요한 부품이에요. 기계식 시계처럼요. 톱니바퀴 하나가 빠지면 시계가 멈춰요. 그러니 일반화하면 안 돼요. 각각의 부품은 서로 달라요. 사람은 모두가 똑같을 수 없어요. 허나 잘 판단해요. 누가 당신과 맞고 누가 맞지 않는지요. 당신과 맞는 사람은 당신을 더 잘 되게 하고, 맞지 않는 사람은 잘 안되게 해요. 행복한 파트너십은 안될 일도 되게 하고, 불행한 파트너십은 지금까지 쌓아온 것을 무너뜨리죠. 그러나 한 부분만 보고 일반화해서는 안 돼요. 예외는 항상 있어요. 그게 자연의 법칙이에요, 자연은 다양성으로 번영하기 때문입니다.

Favour | 선호하다
Exception | 예외
Flourish | 번영하다

Make a difference

We used to be a girl or boy without a care in the world. But with a reason to work, we've started putting our mind to what we have to do. A purpose-driven life has begun. We all have the potential to produce works that make the situation better. Making a difference means this. We focus our thoughts on a problem for solutions. We come up with a means. We build a vehicle to get there. Human beings, we are tool makers; builders of our own world. That's how we survive. That's how humanity lives on.

Put your mind to something | 무엇에 마음을 두다, 무엇을 하기로 결단을 내리고 그를 위해 많은 노력을 하다
Come up with | 아이디어를 떠올리다, 생각해내다

상황을 더 낫게 만들기

우린 한때 세상 걱정 없는 소년소녀였어요. 그렇지만 일을 할 이유가 생겼고, 그 후로 우리가 해야 하는 일에 마음을 두기 시작했죠. 목적이 이끄는 삶을 시작했어요. 우리 모두에겐 세상을 더 나은 곳으로 만들 잠재력이 있어요. 다름을 만든다는 영어 표현은 이런 뜻이에요. 우리는 문제의 해결책을 찾기 위해 집중을 해요. 그럴 방법을 떠올려냅니다. 이 목표를 이룰 장기적 수단을 만들어 내요. 인간은 도구를 만드는 사람입니다. 인간 세상을 건설하는 사람들이에요. 그게 우리가 살아남는 방식이에요. 그게 인류가 계속 살아가는 방법입니다.

Means | (단기적) 수단
Vehicle | (장기적) 수단
Live on | 계속 살다

Illusion of Knowledge

The dumbest people on earth are those who think they know something. The most intelligent people know that they don't know anything for sure. The arrogant are those who think they know it all. We could be unhappy because we are blinded by the illusion that we know something. We can be happy if we are well educated enough to know that just simply sitting somewhere comfy and being able to take a sip of coffee is to be grateful for. All we have is time and health. Ignorant people think they need more.

Illusion | 감각적인 경험을 잘못 해석하는 것, 착각, 환영

안다는 착각

세상에서 가장 멍청한 사람은 자신이 무언가를 안다고 생각하는 사람입니다. 세상에서 가장 지성이 높은 사람은 자신이 그 어떤 것도 확실히 알 수 없다는 사실을 알아요. 오만한 사람은 자신이 전부 안다고 생각해요. 무언가를 안다는 착각에 눈멀어 행복하지 않을 수 있어요. 그저 편안한 어딘가에 앉아 커피 한 모금을 마실 수 있는 것을 감사할 줄 안다면 충분히 잘 배운 사람이고 행복할 수 있습니다. 우리의 가장 소중한 것은 시간과 건강이죠. 무지한 사람들은 무언가가 더 필요하다고 생각해요.

Sip | (명사) 한 모금, (동사) 한 모금 마시다

Humility

Be humble, as we are made of soils. Be noble, as we are made from stars. Our life on earth will be short-lived. Living a hundred years doesn't matter much. Our old age may not be very free. Our fate may have been pre-set. Our freewill can override it anytime. But our body deteriorates. What gets sharper is our mind. We are insignificant in the vast universe. Yet we are magical marvels in the blackness of the multiverse.

Pre-set | 미리 정해진
Override | 올라타다, 권한을 이용해 거부하다

겸허함

겸허해요, 우린 흙으로 만들어졌으니까요. 고상해요, 우린 별의 자손이니까요. 지구에서의 우리의 삶은 짧아요. 100년을 사는 건 그리 중요한 게 아니죠. 노년엔 하고 싶은 걸 모두 할 수는 없을지도 몰라요. 우리의 운명은 이미 정해졌는지도 모릅니다. 자유의지는 언제든 이를 거부할 수도 있어요. 우리의 육신은 그러나 점차 흙으로 돌아갑니다. 나이 들수록 더 예리해지는 것은 정신이에요. 이 드넓은 우주에서 인간이란 사소한 존재예요. 그렇지만 우리는 이 다중우주의 암흑 속에서 찬란히 빛나는 경이이기도 합니다.

Deteriorate | 점점 나빠지다
Marvel | (명사) 놀라움, 경이, (동사) 놀라움으로 가득차다

The rich don't dress rich

The affluent are chilled. The wealthy don't try to look cool. Bougie is for the poor. The poor spend the money they earned through labour on trying to look cool. The rich don't seek approval from the people who don't matter to them. The rich drive clean cars, not flashy cars. The old money are unassuming. The poor are those who work part time and wear silly Rolexes. The rich don't have to work for money. The truly influential fly under the radar. What counts is whether you are content. Your worth is not the numbers. It's what's in your brains.

Flashy | 허세스럽게 관심을 끄는

부자는 부자처럼 입지 않는다

부자는 태도에 여유가 있어요. 부자는 있어 보이려고 애쓰지 않아요. 지나친 화려함은 빈자가 좋아하는 것이죠. 노동으로 번 돈을 있어 보이는 데 쓰는 건 빈자예요. 부자는 자신에게 중요하지도 않은 사람들에게 인정을 얻고자 애쓰지 않아요. 부자는 깔끔한 차를 타고, 튀는 차를 타지 않아요. 예로부터 부자인 사람들은 척하지 않아요. 알바를 하면서 롤렉스를 차는 건 빈자입니다. 부자는 돈을 위해 일할 필요가 없어요. 진짜 영향력 있는 사람은 주변에 묻히게 다닙니다. 정말 중요한 것은 당신이 영적으로 만족하여 평안하느냐입니다. 당신의 가치는 숫자가 아니에요. 속에 무엇이 들었느냐예요.

Unassuming | 척하지 않는, 오만하지 않은
Count | 세다, 포함해 고려하다, 중요하다

Mondays

I used to be not a fan of Mondays. It's the end of the weekend. That means I have to get up in the morning to go to work or school. I did not like going to school because it was mandatory. As I grew up, I was lucky to find a job that I love to do. Although I had to get up in the morning for work, I couldn't wait for Mondays to come. And international parcels take 3 to 4 weeks to arrive. It's usually Mondays that I receive my parcels, which are mostly prizes for myself. Mondays became my gift-receiving days. I love to go to work that is rewarding for me. With a flick of my perspective on Mondays, the day has turned from my most hated day to my most beloved one. If something makes your life harder, try to change your perspective on it. Then the whole process becomes joyful, while your life is happy and content. Love and hate are in fact one passionate emotion.

Mandatory | 강제적인

월요일

전 월요일을 싫어하곤 했어요. 주말의 끝이니까요. 아침에 일어나 일하러 혹은 학교로 가야 하는 걸 의미하니까요. 학교를 가는 게 강제여서 학교를 가는 걸 좋아하지 않았어요. 크면서 운이 좋게도 좋아하는 일을 찾았어요. 일을 하기 위해 아침에 일어나기는 해야 했지만, 월요일이 오는 게 설렜죠. 그리고 국제 택배는 3 ~ 4주가 걸려요. 제게 주는 상이 도착하는 날이 그래서 주로 월요일이에요. 월요일은 선물 받는 날이 되었어요. 보람찬 일을 하러 가는 게 행복해요. 월요일에 대한 인식의 변화가 가장 싫었던 날을 가장 사랑하는 날로 바꿨어요. 무언가가 당신의 삶을 힘들게 한다면, 그에 대한 관점을 바꿔봐요. 그러면 모든 과정이 즐거워지고, 인생이 행복하고 만족스러워질 거예요. 사랑과 증오는 사실 하나의 열정적인 감정입니다.

Parcel | 소포
Flick | 재빠른 움직임, 손가락으로 튀김, 빠르게 읽음

Reason for being

We all have a reason for being. Each one of us has our own unique reason to exist. And this changes according to the changing environments. We are adaptable. This is why our MBTI changes also. When we have a reason for being, we live, live better and longer. You live because you wish to make the world a better place for others to live. You do what you can do better and differently for other people. When they appreciate your work, you feel your work rewarding; you feel my value redeemed. You are happy and content as a result.

Adaptable | 새로운 조건에 적응할 수 있는

살아있는 이유

우리 모두 살아있는 이유가 있어요. 당신은 당신만의, 타인은 타인만의 고유한 존재 이유가 있어요. 그리고 이는 변하는 환경에 맞춰 변합니다. 인간은 적응하는 존재예요. 그래서 환경이 변하면 MBTI도 변해요. 살아있을 이유가 있을 때 우린 살고, 더 잘 살며, 오래 살아요. 당신은 세상을 더 나은 곳으로 만들어 사람들의 삶의 질을 높이고 싶기에 삽니다. 그래서 타인들보다 더 잘할 수 있고 다르게 할 수 있는 일을 해요. 사람들이 당신의 일을 가치 있게 받아들일 때, 보람을 느껴요. 당신 존재가 가치 있음을 직감합니다. 고로 당신은 행복하고 만족해요.

Rewarding | 보람있는
Redeem | 보상하다, 약속을 이행하다

My habits are me

We are what we repeatedly do. If you wish to be a genuine person, never lie to anyone including yourself. If you wish to be a classy person, never do vulgar things. If you wish to be a successful person, just start doing what you want to do, learn on the way, and never give up until you achieve the outcome you wanted. If you wish to be a loveable person, love yourself, and care about other people. If you wish to be an intelligent person, read and write. Writing is a tool for thinking. Intelligent people write. Writing people don't fall into dementia.

Outcome | 결과
Loveable / Lovable | 사랑과 애정을 받을 자격이 있는

습관이 곧 나다

반복적으로 하는 행동들이 당신을 만들어요. 진솔한 사람이 되고 싶다면, 자신을 포함해 그 누구에게도 거짓말은 하지 말아요. 세련된 사람이 되고 싶다면, 천한 행동은 하지 말아요. 성공적인 사람이 되고 싶다면, 좋아하는 일을 일단 시작하고, 하면서 배우고, 될 때까지 시도해요. 사랑받을만한 사람이 되고 싶다면, 먼저 자신을 사랑하고, 다른 사람들을 챙겨줘요. 지성인이 되고 싶다면, 읽고 써보세요. 쓰기는 생각의 도구입니다. 지성인은 씁니다. 글 쓰는 사람은 치매에서 자유롭죠.

Lovely | 아름다운
Adorable | 사랑스러운
Care about | 사랑의 마음으로 신경쓰다, 보살펴주다

Difference, not the scale of 1 to 10

At school, we are told that our work is graded from 0 to 100. Schools and parents insinuate that our worth is our school grades. Parents mindlessly tell their kids to study, without knowing that what schools teach have no value. Information is not knowledge. There are no facts, only interpretations. Maths doesn't improve your thinking skills. Reading does. The truly valuable knowledge is knowing who you are. We are producing cattle, made to work their ass off, unable to think for themselves. We are producing fools. We are foolishly chasing after apartment prices and more salaries. But life is not about numbers. It's about what you do with your life. It's about finding your purpose and serving it, because then you will be happy.

Scale | 등급, 수치, 기준, 척도

1에서 10까지의 등급이 아니라, 다름

우리의 일은 0에서 100까지의 수치로 등급이 매겨진다고 학교에서 배웠어요. 당신의 가치는 학교 성적이라고 학교와 부모에게 주입받았죠. 부모는 학교에서 가르치는 게 가치가 없음을 알지 못한 채 생각 없이 아이들에게 공부를 하라고 해요. 정보는 지식이 아닙니다. 사실이란 없어요. 해석만이 있을 뿐이죠. 수학은 사고력을 길러주지 않아요. 독서가 생각하는 힘을 길러줍니다. 진정 가치 있는 지식은 당신이 누구인지를 앎이에요. 우리는 스스로 생각할 줄 모른 채 일만 죽어라 하는 소를 생산하고 있어요. 바보를 생산하고 있죠. 미련하게도 우리는 아파트 가격이나 더 많은 연봉을 좇고 있어요. 그렇지만 삶은 숫자가 아니에요. 이 삶으로 당신이 무엇을 하느냐죠. 당신만의 삶의 목적을 찾아 그것을 하는 것입니다. 그래야만 행복하니까요.

Grade | 등급, 계급
Insinuate | 가스라이팅하다

Misconception and misjudgement result in unhappiness

Happy is not gratification now and regret later. Happy is contentment and fulfilment afterwards. Indulgence takes you down. Serenity pulls you up. Happy is not idling. Not doing anything gives you no satisfaction whatsoever. Only through meaningful work can one draw contentment. Why do boys play games? We are problem solvers. Happy is not having a lot of money. Happy is having the choice to not do what you don't want to do. Then you can choose to do what you want to do with your life. Happy is doing something. What to do varies depending on individuals. We all have our own reason for being. Do this. You will be eternally happy.

Misconception | 오인, 오해
Gratification | 세속적 만족, 쾌락

잘못된 판단이 불행으로 이어진다

지금 욕구를 채워 만족하고 나중에 후회하는 것은 행복이 아니에요. 무엇을 한 다음에 영적인 만족과 성취감을 느끼는 것이 행복입니다. 당장 하고 싶은 대로 행동하는 것은 당신을 끌어내려요. 마음의 평온은 당신을 끌어올립니다. 아무것도 안 하는 것은 행복이 아니에요. 무위는 그 어떤 만족도 주지 않으니까요. 의미 있는 일을 통해서만 만족을 얻을 수 있어요. 남자애들이 왜 게임을 하나요? 인간은 문제를 해결하는 기능을 하는 존재입니다. 돈이 많다고 행복하지 않아요. 하기 싫은 일을 하지 않을 선택이 있는 게 행복입니다. 그러면 인생으로 하고 싶은 일을 할 수 있으니까요. 무언가를 하는 데서 행복을 느낍니다. 무엇을 하느냐는 사람에 따라 다르죠. 당신이 태어난 목적을 다해요. 그러면 영속하는 행복을 누릴 거예요.

Contentment | 영적 만족
Indulgence | 욕구에 나를 놓아주는 것
Serenity | 마음의 평온

Human touch

A meaningful life is a life spent on building quality relationships. The money and fame don't matter at your funeral. What matters is who cares deeply about your death and is truly sad about the loss of their friend or family. To live a happy life, living alone is never an option. We have to live together. We are made to meet people in person. What we need is not AI that works for us. What we need is the human touch. Spend more time with the people you care about. The quality of your close relationships is your happiness.

인간적인 손길

의미 있는 인생은 좋은 인간관계를 쌓아온 인생입니다. 당신의 장례식에 돈과 명예는 중요하지 않아요. 중요한 것은 누가 당신의 죽음을 진심으로 슬퍼하는가입니다. 혼자 사는 삶은 결코 행복한 삶이 될 수 없지요. 인간은 함께 살아야 합니다. 사람과 사람은 서로 실제로 만나야 하도록 만들어져 있어요. 우리가 필요한 건 대신 일해줄 AI가 아니에요. 우리가 필요한 건 인간적인 요소들입니다. 아끼는 사람들과 더 많은 시간을 함께 해요. 가까운 사람들과의 좋은 시간이 곧 당신의 행복이에요.

In person | 실제로

Forget the numbers

Numbers are pointless. Move away from numbers. Chasing numbers will only drain you, never uplift you. Your language cannot be measured in numbers. A TOEIC 990 person can't make a good conversation in English. It's one of the dumbest exams. Your life cannot be measured in numbers. The numbers you get from schools have no relations to neither how wealthy you become nor how successful you get, nor happy for that matter. The best partner is not someone who makes more than $100K a year. It's one who is compatible with you. You love someone for the things that are not quantifiable. You love them for the qualities they possess. Your intuition can tell. Numbers are meaningless. It's not the horsepower a car has that makes you excited. It's everything but. Don't chase numbers. Underline.

Pointless | 목적이 없는
Drain | 액체가 빠지게 하다, 배수하다

숫자는 잊자

숫자는 의미 없어요. 숫자 위주의 생각에서 벗어나요. 숫자를 좇는 건 사람을 지치게 할 뿐, 당신을 성장하게 하지는 않아요. 언어도 수치화될 수 없지요. 토익 만점을 받았다고 영어로 제대로 대화를 할 수 없어요. 토익은 가장 멍청한 시험 중 하나입니다. 인생은 수치로 등급이 매겨질 수 없어요. 학교에서 주는 점수는 당신이 얼마나 부자가 되거나 얼마나 성공적이거나 얼마나 행복하게 사느냐와 관련이 없어요. 최고의 파트너는 억대 연봉자가 아닙니다. 당신과 맞는 사람이 가장 좋은 파트너예요. 우린 누군가를 수치화할 수는 없는 이유로 사랑합니다. 그 사람이 지닌 가치로 그를 사랑해요. 이는 직관으로 압니다. 숫자는 의미 없어요. 자동차의 마력이 몇인지가 그 차가 주는 즐거움을 결정하는 게 아닙니다. 그것 빼고 다른 모든 것 때문이지요. 숫자를 좇지 말아요. 밑줄.

Uplift | 수준을 끌어 올리다, 향상하다
See someone | 사귀는 사람이 있다

Comparisons

The only worthwhile comparison is you yesterday and you today. Happy people recognise the fact that my life is different from anyone else's. Comparisons are the root of unhappiness. Koreans are taught the world the wrong way: we learned it in the numeric grades. We learned that bigger numbers are better things. Not quite. Life is not a vertical stick. If we had only one yardstick to measure the lives of us all, we would have been cattle. Such a homogeneous world would be a terribly boring place. Rather, we are stars. Some of us are planets, others are moons or asteroids. We are spheres in the universe. Each of us are different. No one is better than the other. We need each of us all. It's the gravitational relationships that bind us all in peace. You want to be a star but were born a moon? You've been given the wrong education. Accept who you are. Be yourself. Be comfortable in your own skin. Only then you will be eternally happy.

비교

단 하나의 가치 있는 비교는 어제의 당신과 오늘의 당신의 비교입니다. 행복한 사람들은 '나'는 타인과 다른 사람임을 압니다. 남과 나를 비교하는 것은 불행의 근원이에요. 한국인은 세상을 잘못 배웠어요. 수치화된 등급으로 배웠지요. 숫자가 크면 더 좋다고 배웠어요. 항상 그렇진 않아요. 인생은 세로로 된 척도가 아닙니다. 단 하나의 척도로 사람의 삶을 잰다면 우린 가축과 다를 게 없어요. 그런 세상은 끔찍하게 지루한 세상이죠. 그게 아니라 우리는 별이에요. 누군가는 행성이고, 혹자는 달이며, 다른 사람들은 소행성입니다. 우주 속의 구들이 우리입니다. 각자가 달라요. 어느 하나도 다른 누구보다 더 낫지 않아요. 우리는 우리 모두를 필요로 합니다. 중력으로 연결된 이 관계 모두가 있기 때문에 우리가 평화롭게 존재합니다. 별이 되고 싶은데 달로 태어났나요? 잘못 배웠기 때문에 그렇게 생각하는 거예요. 태어난 당신 모습 그대로를 받아들여 봐요. 당신답게 살아요. 타고난 당신을 인정해요. 그러면 영원한 행복에 이를 거예요.

Yardstick | 척도, 비교를 위한 기준

It's easy to judge; difficult to understand

Before judging what others say to be wrong, it's wise to examine your ignorance. What you know is little. There are people who are greatly more educated and experienced, and yet go under the radar. There are people who have seen a bigger world than you did. If you judge, you make a fool of yourself. You judge because you are too lazy to think. Don't show off your limited perceptions by judging out loudly. The intelligent will still suffer fools gladly, only because you don't matter. Do something that redeems your worth. You will then have respect for others, because it's really hard to have the courage to get out there and produce work for a prolonged period of time.

Judge | 어떤 것에 대해 의견이나 결론을 형성하다, 판단하다

네가 모르는 걸 남이 틀렸다고 하지마

타인이 하는 말을 틀렸다고 판단하기 전에, 내가 제대로 모르는 건 아닌지 확인해 보는 게 현명합니다. 사람이 모든 것을 다 알 수는 없어요. 세상엔 당신보다 훨씬 많이 배우고 경험한 무림의 고수들이 많지요. 우리보다 더 넓은 세상을 경험한 사람들이 있어요. 판단을 했다간 어리석은 실수를 저지를 수 있습니다. 판단하는 이유는 생각하기를 게을러 하기 때문이에요. 대놓고 판단의 말을 뱉어버림으로 당신의 부족함을 자랑하지 말아요. 지성인은 아직 잘 모르는 사람들을 대놓고 비판하지 않습니다. 그러는 사람은 세상에 별다른 영향력이 없기 때문입니다. 당신의 가치를 인정받을 무언가를 하세요. 그러면 타인에 대한 존중이 우러나올 겁니다, 왜냐하면 세상에 나를 드러내고 목소리를 내는 데엔 큰 용기가 필요하고 오랜 시간 업적을 축적해나가는 일은 진짜 어렵다는 것을 알게 되기 때문입니다.

Examine | 자세히 들여다보다
Go under the radar | 눈에 띄지 않게 가다

What, How, Why

You may ponder on WHAT to do. But it's not about what you do that gives you a living, or a comfortable living for that matter. What matters is HOW you do whatever you choose to do. It all comes down to your attitude: how you do a task, any task. You can work for a part-time job and learn a great deal from it and make a fortune for yourself throughout your lifetime. How you do it makes a difference. And to go beyond puny little successes, you need this: WHY. Why do you do this? This is the difference between the norm and the great few. Like a person with a reason for life survives, an enterprise with a reason for being survives despite the unpredictable circumstances. Harbour a purpose in the bay of your heart.

A living | 생활(비)
A comfortable living | 넉넉한 생활(비)
Puny | 하찮은, 시시콜콜한

무엇을, 어떻게, 왜

무엇을 해야 할지 고민하고 계실지도 모르겠어요. 그런데 생활을 꾸리기 위해 무엇을 하느냐는 그리 중요치 않아요. 부자가 되기 위해서도 그렇죠. 중요한 것은 그것을 어떻게 하느냐입니다. 이는 태도의 문제예요. 어떤 일이든 그걸 어떻게 해내느냐지요. 알바를 하더라도 그 일에서 많은 것을 배워 그 배움을 평생 큰 부를 만드는 데 쓸 수 있어요. 그런 자잘한 성공 그 이상을 이룩하고 싶다면, '왜'를 질문하면 됩니다. 내가 이것을 왜 하는가? 이게 일반적인 다수의 사람들과 극소수의 위대한 사람들의 차이지요. 살 목적이 있는 사람이 생존하듯, 존재할 이유가 있는 사업체가 변하는 환경에도 불구하고 살아남습니다. 가슴에 목적의식을 정박시켜요.

Enterprise | 대담하고 복잡한 프로젝트, 사업체
Harbour | (동사) 마음에 두다 (주로 부정적인 감정을 몰래), (명사) 항구
Bay | 만 (육지가 오목하게 들어간 바닷가)

It's all about balance

Your life is your responsibility. Take the responsibility. Freedom is not fun without a counterpart: work. Take foods for example, eating sweets alone will tire you. Great taste is a great balance of different tastes. Great coffee is sweet, sour and bitter in balance. Life is too. You need grey days to appreciate sunny days. You need to work in order to be truly happy. Why do you bother to live when you want to do nothing? Take the responsibility. Work and duty come with freedom and happiness.

밸런스가 전부다

인생의 책임은 자신에게 있습니다. 그 책임을 져요. 놀기만 하고 그 반대의 것을 하지 않으면 재미가 없어요. 일 말입니다. 음식을 예로 들면, 단것만 먹어서는 질려요. 훌륭한 커피는 단맛, 신맛 그리고 쓴맛의 균형이 이루어진 커피입니다. 삶도 그래요. 우중충한 날이 있어야 맑은 날의 가치를 알아볼 수 있어요. 일을 해야 진정 행복할 수 있습니다. 아무것도 안 하고 싶은데 왜 굳이 살려고 하나요? 책임을 받아들여요. 일과 의무가 있기 때문에 자유와 행복이 있을 수 있어요.

Humans are under Nature

Nature has her mysterious ability to restore balance, even in our minds. Take a walk in nature when your mind suffers from disturbance. Nature will balance you in. When the temperature of the earth's surface increases too rapidly, nature will balance it out. Which means it will wipe out what breaks the balance—humans. We are smart and able. But we ought to know our place. Nature enables us. We as mere mortals are always under nature, never above it.

대자연 아래의 인간

자연은 균형을 유지하는 신비로운 능력이 있습니다. 우리 마음에까지도요. 마음이 심란할 때 자연 속에서 걸어봐요. 자연은 마음속에 균형을 되찾아줄 거예요. 지구 표면의 온도가 너무 빠르게 치솟으면, 자연은 균형을 맞출 겁니다. 이 균형을 깨뜨리는 것을 없애버리겠죠. 인간을요. 우린 똑똑하고 해낼 수 있어요. 그렇지만 우리의 주제를 파악해야 합니다. 인간이 무엇이든 할 수 있게 하는 건 자연이에요. 사소한 필멸의 존재로서 우린 언제나 자연 위가 아니라, 아래에 있어요.

Ought to | 해야 한다는 말을 강조할 때 쓰는 표현

We should never underestimate trees

Smart beings, humans. We can make tools. We've come so far to create technology. But funny, there's a ceiling. We are not smart enough to turn climate change back. We don't have the technology to capture carbon and put it back to the ground. The only being who can do this is trees, as if this is the exclusive province of nature. Humans are arrogant. We think we can colonise earth. We don't think we must keep balance with other species on earth. We condescendingly say we need to save earth. But who saves who? Earth will be fine. What dies out will be us. We don't know when we will die. All we can do is to enjoy now. There is no future; no past. All we have is now.

Ceiling | 천장
Put back | 원래 자리에 놓다

나무를 과소평가해서는 안 된다

인간은 똑똑한 존재예요. 도구를 만들 수 있어요. 우린 최첨단 도구를 만들기에 이르렀죠. 그런데 웃긴 건, 이에 한계가 있는 거예요. 우린 기후 변화를 되돌릴 만큼 똑똑하진 못해요. 우리에겐 대기 중의 탄소를 포집해 땅속으로 되돌려보낼 기술이 없어요. 마치 이것은 자연만이 할 수 있는 영역이라는 것을 보여주듯, 이를 할 수 있는 유일한 존재는 나무입니다. 인간은 오만해요. 지구를 식민지화할 수 있을 거라고 생각하죠. 반드시 지구의 다른 종들과 균형을 맞추어야 한다고는 생각하지 않아요. 마치 지구보다 인간이 우월한 위치에 있는 것처럼 지구를 살려야 한다고 말합니다. 그런데 누가 누굴 살리나요? 지구는 멀쩡할 거예요. 죽어나가는 것은 인간일 겁니다. 우린 언제 죽을지 몰라요. 우리가 할 수 있는 전부는 지금을 즐기는 것뿐입니다. 미래도 없고 과거도 없어요. 우리가 가진 건 지금입니다.

Exclusive | 배제하는, 독점적인
Province | 지역, 영역, 지방
Condescending | 깔보는, 우월하다고 으스대는

Daily Checklist

Things to take care of while they are around: health of my teeth, health of my organs, health of my mind, those who love me, peace of my family, and my parents. All that remains after time passes is the happy memories. Imagine being an old person looking out the window at young people going about their lives. What would you feel? One thing clear to me is to never ever regret the life I have lived so far. For this, I do what I want to do now. I am happy when I am ready to die. Life is a collection of beautiful moments. The earlier I learn about who I am, the finer life I get. Life is not about quantities; it's about quality.

Go about | 주변을 다니다, 시작하다
Go about 누구의 business | 누가 원래 하는 일을 하다

날마다 해야 할 일

있을 때 챙길 것: 치아 건강, 장기 건강, 정신 건강, 나를 사랑하는 사람들, 가족의 평화, 그리고 부모님. 모든 게 지나가고 남는 것은 행복했던 추억들입니다. 창밖으로 행복하게 자기 인생을 살아가고 있는 젊은이들을 바라보는 노인이 되었다고 상상해 봐요. 어떤 감정이 드나요? 하나 분명한 것은, 당신이 지금까지 살아온 인생을 절대 결코 후회하지 않는 것입니다. 이를 위해 우린 지금 하고 싶은 일을 해요. 죽어도 좋을 때가 행복한 때입니다. 인생은 아름다운 순간순간을 모은 컬렉션이에요 당신에 대해 빨리 알수록 더 질 높은 인생을 만들 수 있어요. 인생은 양이 아니에요. 질이죠.

So far | 지금까지
Fine | 질이 아주 좋은, 최상의, 세련된

Actions speak for yourself

You are what you do. You just step in the lift and hear someone walking towards the lift. You hold the door and wait for the person. The person is grateful and you are a courteous citizen. Say you are a barista: you make a living by giving smiles and rest to your neighbours —you are a good person. Say you run a Korean BBQ restaurant: you make money by killing innocent animals and selling their body parts—you are a cruel and uneducated person. You don't drive to work everyday, and instead take the subway which runs on electricity generated from renewable sources—you are an educated and considerate citizen who has a heart of gold. Choose what you do, and you are just that.

Lift | 엘리베이터는 미국말, 영국 영어를 쓰는 나라들에서는 lift

행동이 당신을 증명한다

당신이 하는 일이 당신입니다. 엘리베이터에 막 탔는데 누가 오는 소리가 들립니다. 문을 잡고 그 사람을 기다려요. 그 사람은 고마워하고 당신은 모르는 사람에게 친절한 시민입니다. 당신이 바리스타라고 가정해봐요. 당신이 하는 일은 이웃들에게 미소와 휴식을 주는 것입니다. 당신은 좋은 사람이에요. 고깃집을 운영하는 사람이라고 가정해봐요. 죄 없는 동물들을 죽여다 그 동물들의 몸을 썰어 팔아 돈을 법니다. 당신은 잔인하고 못 배운 사람이죠. 직장에 매일 차로 출근하지 않고, 재생에너지로 만든 전기로 운행하는 지하철을 탑니다. 당신은 좋은 교육을 받고 생각이 깊으며 착한 시민이에요. 무엇을 할 것인지를 결정하면 그 행동이 바로 당신입니다.

Courteous | 예의있고 타인을 존중하며 사려깊은
Have a heart of gold | 착하다

Better person than yesterday

Try to be a little bit better everyday, not perfect. Perfection is impossible in the first place. But becoming a little bit better person each day is possible and doable. Read a page of a book today, you become wiser than yesterday. Eat less meat today, you are making your children's life more liveable. Don't honk today, you are letting your neighbours live a peaceful day. Learn something new today. Incremental growth makes your life more fulfilling.

Doable | 할만한

어제보다 나은 사람

완벽하지는 않더라도, 매일 조금씩 더 나은 사람이 되어보려 해봐요. 완벽이란 애초에 불가능하죠. 그러나 매일 조금씩 나은 사람이 되는 건 가능하고 할만해요. 하루에 책을 한 쪽만 읽어봐요. 그러면 당신은 어제보다 더 지혜로운 사람이 돼요. 오늘 고기를 덜먹어봐요. 우리 아이들이 더 살만한 세상을 만듭니다. 운전할 때 경적 소리를 내지 말아요. 이웃들이 평화로운 오늘을 보낼 수 있도록 해주는 배려입니다. 오늘 무언가를 배워봐요. 이렇게 점진적인 성장이 삶을 더 만족스럽게 해요.

Liveable | 살만한
Incremental | 점점 증가하는

Minimalism

The word 'mini' originates from the car Mini. It packs a lot of things in a small package. Having a lot of things is having a lot to take care of. It's like moving a beefy body. It takes more energy to move a heavy body. But when you are lean, you can move quickly with less energy. You are more efficient. You can act more effectively in changing environments. The surviving species in disasters are not the big and strong ones. It's the tiny adaptable ones. This is how we survive. Adaptability. Having fewer things gives us a better chance of survival. Less is better.

Pack | 꾸리다

미니멀리즘

미니라는 단어는 자동차 미니에서 시작됐어요. 미니는 작은 디자인에 많은 요소를 담아요. 물건을 많이 가지면 신경 쓸 게 많아져요. 육중한 몸을 움직이는 것과 같아요. 무거운 몸을 움직이는 데에는 더 많은 에너지가 들죠. 그런데 몸이 가벼우면 적은 에너지로 더 빠르게 움직일 수 있어요. 더 효율적입니다. 변하는 환경에 더 잘 적응할 수 있어요. 재앙에서 살아남은 종들은 크고 강력한 종들이 아니에요. 크기가 작고 적응력이 있는 개체들이 살아남았어요. 우리가 생존하는 방식도 이와 같아요. 적응할 수 있는 능력. 더 적게 가지면 생존 가능성이 높아져요. 그래서 적은 게 더 좋아요.

Beefy | 육중한, 살진
Lean | (형용사) 건강하게 날씬한, (동사) 기울다

Reason why I read

The reason why you should read is because the reality we make is a product of our thoughts. We become what we think, most of the time. Which means, the reality called life is only limited by your imagination. This is why you should read. This is why you should learn other languages, as it expands your perceptions. If you only speak Korean, you are only seeing less than 0.1% of the world that you call "world." Some cultures are more sophisticated than others. As you take better ways of living, your life can be more fruitful.

책을 읽는 이유

당신이 책을 읽어야 하는 이유는 인간이 만드는 모든 현실은 생각의 산물이기 때문입니다. 사람은 생각하는 대로 돼요. 그 말인즉, 당신의 상상력의 한계가 곧 당신이 이루어내는 인생이라는 현실입니다. 이것이 책을 읽을 이유에요. 다른 언어를 배우면 당신의 인식이 확장돼요. 한국어밖에 할 줄 모른다면, 세상의 0.1%도 안 되는 세계의 극히 일부를 보고 당신은 그걸 "세계"라고 부르는 거예요. 어떤 문화들은 다른 문화들보다 더 성숙해요. 더 나은 삶의 방식을 취하면 당신의 삶엔 더 많은 열매가 열립니다.

Sophisticated | 굉장히 많은 경험을 통한 지혜와 안목 그리고 지식을 가진

Challenges are chances to get ahead

When everything seems unbearably hard, know that this is the moment you should not give up. This is the moment of breakthrough. Persevere. What you get in return is valuable. It improves you. Hardships strengthen you. Welcome challenges. It always makes you a better person. When you are going through a tough passage, just keep going towards the end of it. There is the end. The end is a treasure box filled with possibilities.

Bearable | 견딜만한
Unbearable | 견디기 어려운
Breakthrough | 도약의 기회

어려움은 앞서나갈 기회다

더는 버틸 수 없을 만큼 힘들 때, 그때가 바로 포기하지 말아야 할 때입니다. 바로 그때 흐름이 달라져요. 버텨요. 그 보상은 귀해요. 고난은 당신을 성장하게 해요. 고생은 당신을 단단하게 해요. 힘든 상황을 반겨요. 어려움은 항상 당신을 더 나은 사람으로 만들어요. 힘든 시기를 지나고 있다면, 그 끝을 향해 계속 앞으로 나아가요. 끝은 있어요. 어둠의 끝에는 가능성으로 가득 찬 보물상자가 있어요.

Tough | 힘든
Keep going | 힘들 때 앞으로 계속 나아가다 (이 문맥에서만 쓰는 말)
Keep doing | 계속하다

Sleep well

Clear mind sees the world clearly. You feel more capable when you are well-rested. A good night's sleep will improve your mood, actions, thoughts, and confidence. Sleep is essential for your happiness, physical health, and emotional health. Take sleep seriously. You will immediately become more productive, successful and happier. Having a ritual helps. Do something every night before going to bed. It will tell your body that it's time for a good night in. And you wake up to a world of possibilities.

A good night's sleep | 꿀잠

잘 자자

맑은 정신은 세상을 더 선명하게 봐요. 잘 쉬면 더 잘 해낼 수 있는 자신감을 얻습니다. 좋은 잠은 기분과 행동, 생각, 자신감을 좋게 해요. 행복과 육체적 그리고 정신적 건강을 위해 잠은 본질적으로 중요해요. 잠을 중요하게 여겨요. 바로 더 생산적이고 성공적이며 행복해질 거예요. 잠자기 전에 잠에 잘 들 수 있도록 하나의 의식을 만들면 좋아요. 자기 전에 항상 무언가를 해요. 그 의식이 몸에게 이제 잘 시간이라고 알려줄 거예요. 그리고 눈을 뜨면 수많은 가능성이 당신 앞에 펼쳐져 있을 겁니다.

Ritual | 의식

Move

Still water stifles. So do us. Move. Get going. Jewels are discovered on the go. Do something. Whatever it is, just get active and get your body and mind moving. Exercise will boost your self-esteem while also making you happier and healthier. Move, and you live. Still water decays. Flowing water never. We are mostly water. Water gives life to all living things. Give life to what matters to you. Water the same field over a period of a lifetime, you will see a forest before you. What do you wish to accomplish with the water you possess?

Stifle | 숨막히게 하다
Self-esteem | 나의 가치나 능력에 대한 자신감, 자아존중, 자존

움직이자

고인 물은 썩어요. 우리도 그렇죠. 움직여요. 이동 중에 보석들을 발견해요. 무언가를 해요. 무엇이건 간에, 일단 활동을 하고 몸과 마음을 움직여요. 운동은 자존감을 높여주는 동시에 우릴 더 행복하고 건강하게 합니다. 움직여요, 그러면 살 거예요. 가만히 있는 물은 부패합니다. 흐르는 물은 절대 썩지 않아요. 우리 몸은 대부분이 물이에요. 물은 생명을 주죠. 당신에게 중요한 일에 생명을 주세요. 일생의 시간에 걸쳐 하나의 분야에 물을 주면, 당신 앞에 펼쳐진 숲을 보게 될 겁니다. 당신이 가진 물이라는 생명수로 무엇을 이뤄내고 싶나요?

Field | 들판, 분야
Before | 앞에, 전에
Possess | 소유하다

I'm appreciative

We often take for granted the very things that most deserve our gratitude. Thank people and express gratitude for the wonderful things in your life. Wonderful things are not grand things. It's the little things. Beauty truly is in the eye of the beholder. It takes the knowledge of having little to realise what great you have now. It's the clean air. It's the kindness. It's the little grin you give to strangers. It's the music in your ears. It's someone you can talk to. They all will make you realise how much you are loved. It's a blessing to be alive.

나는 감사하다

우린 마땅히 감사해야 할 작은 것들을 미처 그러지 못하고 당연하게 여겨요. 인생이 주는 이 아름다운 것들에 감사하고 그런 사람들에 고마워해보세요. 당신을 기쁘게 하는 것들은 그리 대단한 것들일 필요는 없어요. 소소함 속에 훌륭한 아름다움이 있죠. 아름다움이란 그를 알아보는 사람의 것이에요. 부족해봐야 알 수 있는 소중함이 있습니다. 맑은 공기라든지, 친절함이라든지, 모르는 사람에게 지어주는 작은 미소라든지, 음악이라든지, 대화를 나눌 사람이 그런 것이죠. 이 모든 것들이 당신이 얼마나 사랑받는지 깨닫게 합니다. 살아있음은 축복이에요.

Learn something new everyday

Always walk through life as if you have something new to learn and you will. As you learn something new, you better yourself. You become more capable at life than your previous self. With learning, you will become more confident. As you are confident, you can achieve more and better. With constant learning, you will stay humble, because you will realise that you know so little. As you are down-to-earth, more people will be attracted to you. The more people like you, the better your life gets. It all starts with this small attitude of learning something new everyday.

Capable | 담을 수 있는 능력, 무언가를 해낼 능력과 건강 또는 필요한 자질이 있는

매일 새로운 무언가를 배우기

삶이라는 길을 걸으며 언제나 배울 것이 있다고 생각하면 그렇게 될 겁니다. 새로운 무언가를 배울수록, 더 나은 당신이 돼요. 이전의 당신보다 더 그릇이 큰 당신이 되죠. 배우면 자신감도 함께 커져요. 자신감이 있으면 더 많은 것을 이루고 더 좋은 것을 얻어요. 계속 배울수록 겸허해질 겁니다. 당신의 부족도 배우게 될 테니까요. 그렇게 인간적인 사람이 되며 더 많은 사람들이 당신에게 올 거예요. 더 많은 사람들이 당신을 좋아할수록 인생도 더 크게 꽃 피게 됩니다. 이 모든 게 매일 무언가를 배우는 작은 태도에서 비롯해요.

Down to earth | 있는 척하지 않는, 인간적인, 현실적인, 실용적인

Positive position

Everything in real life has both light and shade. See the light. Every living person and every existing thing has both pros and cons. Balance your perception of them by seeing both. If you are biased in either, you become a biased person. Premature minds like only a few colours. Mature ones find beauty in every shade. Often we are biased in the negative side of things, and that only makes us a negative person. A negative person is unhappy, unsuccessful, unpopular, and ages quickly. A positive person is hopeful, understanding, loved, and thus happy. Beauty is in the balance. The dark accentuates the light.

Thus | 그러므로

긍정의 자세

실존하는 세상에는 빛과 어둠이 항상 공존해요. 빛을 봐요. 살아있는 모든 사람과 존재하는 모든 것에는 장점과 단점이 함께 있어요. 이 두 부분을 모두 봄으로써 인식에 균형을 맞춰봐요. 한쪽에 치우친다면 편향된 사람이 되고 말죠. 아직 성숙하지 않은 머리는 좋아하는 색이 정해져 있어요. 성숙한 머리는 모든 빛깔에서 아름다움을 발견해요. 우린 부정적인 부분에 편견을 갖곤 하는데, 이건 우릴 부정적인 사람으로 만들 뿐이에요. 부정적인 사람은 행복하지 않고, 제대로 해내는 것도 없고, 인기도 없는 데다 빨리 늙죠. 긍정적인 사람은 희망 가득하고, 이해심이 깊으며, 사랑받고 고로 행복해요. 비결은 균형에 있어요. 어둠은 빛을 더 돋보이게 해요.

Accentuate | 돋보이게 하다

A walk is all you need

A walk is never wasted. When you go out for a walk, your body adjusts to the surroundings that help your mind to relax. Life living in grey cities tears down the biological balance within you. Sun and trees are our utmost essential life-giving friends. We need greenery. We need sunlight. Make time to take a walk in nature, and you will regain your balance and composure. A short walk for daily struggles; a long walk for tough decisions.

Adjust | 조절하다
Surroundings | 주변 환경

Paint
행복한 생각 그리기

산책이면 된다

산책에는 언제나 보람이 있어요. 산책을 위해 나가면, 몸이 주변 환경에 적응을 하며 마음이 진정하도록 도와줍니다. 회색빛 도시에 사는 삶은 당신 안의 바이오 밸런스를 무너뜨립니다. 태양과 나무는 우리에게 생명을 주는 필수불가결한 친구예요. 우린 초록 식물이 필요해요. 햇빛도 필요해요. 시간을 내어 자연 속을 걸으면 당신 안의 밸런스와 평정을 되찾아요. 하루의 일상적인 고군분투에 대한 균형으로는 짧은 산책을, 중대한 결정을 위해서는 긴 산책을 하면 돼요.

Tear down | 철거하다, 완전히 부수다
Composure | 자기통제, 평정
Tough | 힘든

Right direction

I have a dream. My dream is to become more content with my life. It's not about owning the things I wish to have, because having more means having more to take care of. Then I'd have less time for my life. I don't want to spend my lifetime taking care of things. I would rather spend my lifetime taking better care of myself. In order for me to be content, I am to fulfil my purpose—the reason for my being. I am here for a reason. Serving the reason is my dream. Then I will be happy when my body has had its time. A purpose-driven life brings a happy death.

옳은 방향

내겐 꿈이 있어요. 내 꿈은 삶을 통해 더 충만해지는 겁니다. 물건을 소유하는 게 아니에요. 많이 가질수록 신경 쓸 게 늘어나니까요. 그러면 내 삶을 살기 위한 시간이 줄어들어요. 물건을 돌보는 데 인생을 쓰고 싶지 않아요. 나 자신을 더 잘 돌보는 데 쓰고 싶어요. 영혼이 만족하는 삶을 위하여 나는 내 존재의 이유를 충족시키는 삶을 살고 싶어요. 내가 여기 있는 이유가 있어요. 그 목적을 완수하는 것이 꿈입니다. 그러면 이 육신의 시간이 다했을 때 난 행복할 거예요. 목적이 이끄는 삶은 행복한 죽음으로 귀결돼요.

Life is workable

All that we call real is a result of our thoughts. We thought the wilderness should be made civilised in a fashion that we call cities. This human world is the outcome of our thoughts. There is a reason for your unhappiness and poverty. It's your thoughts. You think unhappy and poor, so you are. If you want to live differently, think differently. Assume happiness and you will. Think like wealthy people, soon you will. If you can change your mind, you can turn your life around. All the riches are in your mind.

Wilderness | 경작되지 않고 사람이 살지 않는 지역, 황무지
Civilise | 문명화하다

인생은 작업 가능한 재료다

실제라고 부르는 것들은 모두 생각의 산물입니다. 야생의 자연을 인간은 문명화 해야 한다고 생각했고, 우리가 도시라 부르는 스타일로 만들었어요. 이 인간세계는 우리의 생각의 산물이에요. 불행하고 가난한 사람들에겐 이유가 있어요. 생각 때문입니다. 생각을 불행하고 가난하게 하기 때문에 그래요. 다르게 살고 싶다면, 다르게 생각하면 돼요. 마음에 행복을 머금으면 그리돼요. 부자처럼 생각하면 곧 그리돼요. 머리를 바꿀 줄 알면 인생을 바꿀 수 있어요. 당신의 머릿속에 이미 황금이 있습니다.

Fashion | 방법, 양식, 스타일
Turn around | 잘 안 되고 있는 상황을 잘 되도록 바꾸다

Your worth is your thoughts

You become what you think. What you harbour in your mind becomes your life. Which means, what you focus on is what your life is going towards. If you focus on saving, you will focus on the prevention of leakage. Soon you will find yourself staying poor, never becoming richer. But if you focus on the earning, you will find a way to source the income. Making a constant stream of income is like building a watercourse. As you make the water of income flowing into you, you won't have to worry about some leakage—spending. You can spend a healthy amount of money and it will enrich the lives of yours and the others. Don't focus on saving. It's the small-minded path taken by losers. Do something valuable that other people can use. They will pay for it. Take the wise path to being a winner. Losers save; winners enrich.

Prevention | 방지
Leakage | 누수, 누출, 누설

내 생각의 가치가 나의 가치다

당신은 생각대로 됩니다. 당신의 마음에 품은 것이 곧 당신의 인생이 돼요. 당신이 집중하는 것이 삶이 나아가는 방향입니다. 아끼는 데 집중하면 물이 새는 걸 막는 데 집중하는 거예요. 그러다 보면 계속 가난에 머물러 있고 부자로 거듭나지는 않음을 깨닫게 됩니다. 버는 데 집중하면 수입을 만들어 낼 방법을 찾을 거예요. 수입이 계속 흘러들어오게 만드는 일은 물길을 짓는 것과 닮았어요. 수입이라는 물이 흘러들어오게 만들면 어느 정도 새는 물 정도는 신경 쓰지 않아도 돼요. 돈, 써도 돼요. 건강한 금액의 돈을 쓰면 이게 당신과 다른 사람들의 삶을 더 풍성하게 해요. 저축에 집중하지 말아요. 그건 빈자가 선택하는 작은 사고방식이에요 다른 사람들에게 도움이 되는 일을 해요. 그것이 가치입니다. 그 사람들은 이 가치를 위해 돈을 낼 거예요. 부자가 되는 현명한 길을 택해요. 빈자는 아끼고, 부자는 가치를 높입니다.

Stream | 물길, 흐름
Enrich | 풍요롭게 하다, 가치를 높이다

Be different, not perfect

Happy people don't have the best of everything. Happy people make the best of everything. Happiness is immeasurable. The absolute number of money does not equal the amount of happiness. Money can buy you quick dopamine boosts. But dopamine is pleasure, not happiness. It only lasts for a brief moment. Such dopamine boosts repeated, addiction can set in. It will eventually undermine happiness. Don't chase the best of everything. Perfect people are not attractive. Attractive ones are the imperfect ones. What makes us happy and keeps us so is our choice to be different. Be ourselves. Be individual. Be unique. Be one of a kind instead of one big customer of pricey things, because price is also a factor of satisfaction.

Undermine | 토대를 부식시키다

완벽보다 다름

행복한 사람은 최고의 물건만 갖고 있지 않아요. 행복한 사람은 모든 것을 최고로 만들죠. 행복은 측정할 수 없어요. 얼마를 가졌냐가 행복과 비례하지 않아요. 돈으로 도파민샷은 살 수 있어요. 그런데 도파민은 쾌락이지 행복이 아니에요. 즐거움이 얼마 안 가요. 도파민샷을 남용하면 중독에 이르죠. 이것은 행복을 갉아먹어요. 최고의 무언가를 좇지 말아요. 완벽한 사람은 매력이 없어요. 어딘가 불완전한 사람이 매력적이죠. 우리를 지속적으로 행복하게 하는 것은 남들과는 다르려는 선택입니다. 당신다워져요. 개별 인격체가 되어요. 누구와도 다른 당신이 되어봐요. 비싼 물건을 사는 큰손 고객이 되지 말고, 세상에 하나뿐인 특별한 존재가 되어요. 가격은 도파민처럼 세속적인 만족일 뿐이니까요.

Pricey | 비싼
Factor | 요인

You must live in the present,
launch yourself on every wave,
find your eternity in each moment.
Fools stand on their island of opportunities
and look toward another land.
There is no other land; there is no other life but this.

- Henry David Thoreau -

—

지금 이 순간을 살고,
모든 파도에 몸을 던지고,
매 순간에서 나만의 영원을 찾자.
기회의 섬에 서 있으며
또 다른 땅을 찾으려 하는 자들은 미성숙한 사람들이다.
다른 땅이란 없다. 내가 가진 것은 지금 이 인생, 그뿐이다.

CHAPTER
3

Varnish
행복한 생각 굳히기

Humility

True intelligence comes with the understanding of one's ignorance. The wise are aware of their own limits. Fools are those who think they know something. So they judge: judge that others are wrong, when it's really them who know little. These people don't look up in the night sky. These people lack imagination, taste, and awareness. When you are aware of the vast universe that we are tiny-weeny beings that don't matter, you are the most intelligent as we can be. Then you can go about and make a meaning for your life.

Humility | 나의 가치나 중요함을 낮춰 보는 자질

겸허

진정한 지성은 자신의 무지에 대한 이해에서 비롯합니다. 자신의 한계를 아는 게 현명한 사람이에요. 자기가 뭘 좀 안다고 생각하는 사람이 무식한 사람입니다. 그래서 사람들은 판단해요. 다른 사람들이 틀렸다고 판단하죠. 제대로 모르는 건 본인이면서요. 이런 사람들은 밤하늘을 올려보지 않아요. 상상력이 부족하고 안목이 떨어지며 인식이 협소해요. 저 하늘 위에 펼쳐진 우주가 너무나 광활하여 우리 같은 사소한 존재는 그리 중요치 않다는 사실에 깨어있다면, 그게 인간으로서 이를 수 있는 최선의 지성입니다. 이 성찰 후에 인생을 제대로 살아가기 시작하며 당신만의 의미를 만들어가면 돼요.

Aware | 상황이나 사실에 대해 아는, 인지하는
Look up | 1. 올려보다 2. (인터넷 / 사전을) 검색하다

This is a miracle

Having been born in this age in this place is a good luck already. This is the best possible time to be living. The fact that you are able to read this book is a blessing. Some people have no access to such freedom. In 100 years, humanity may not exist. Nearly all life before us on earth has disappeared. We may as well. Hence enjoy. Appreciate being. Take pleasure in living. Delight in myself being able to write these words. A life form drawing symbols that carry a meaning is a miracle.

Have access to | 접근 가능한 권리가 있는
As well | ~도, 또한
Take pleasure in | 무엇에서 행복이나 즐거움을 얻다

기적은 이것이다

이 시대 이 장소에 태어난 것은 벌써 행운이에요. 지금이 살아있기에 가장 좋은 시기에요. 이 책을 읽을 수 있는 자체가 축복입니다. 어떤 사람들은 그럴 자유조차 없어요. 앞으로 100년 안에 인류는 존재하지 않을지도 몰라요. 지구에서 인간 이전의 생명체들은 거의 모두 사라졌죠. 우리도 그럴지 몰라요. 그러니까 기쁨을 누려요. 살아있음의 가치를 알고 이를 만끽해요. 사는 것 그 자체에서 즐거움을 느껴요. 당신이 이 글자들을 쓸 수 있음에서 기쁨을 느껴봐요. 어떤 생명체가 의미를 담은 기호를 손으로 그린다는 자체가 이미 기적입니다.

Delight | 큰 기쁨을 주다
Delight in = take pleasure in
Life form | 생명체

Love life

Happiness is not a score. Happiness is a state of mind. Living with a peaceful state of mind is genuine success. Be content with what you have. Find joy in the way things are. When you realise you don't lack anything, your life is a happy one. You don't really need a bed. You don't really need a large TV. What you really need is a reliable structure that keeps you safe, warm and cool. What you need is good food, music, nature, and a reason for being. Find out what makes you feel alive. If you love life, life will love you back.

삶을 사랑하자

행복은 점수가 아니에요. 행복은 마음 상태입니다. 평온한 마음 상태로 사는 것이 진정한 성공이에요. 가진 것에 만족해요. 있는 그대로에서 즐거움을 찾아봐요. 당신이 지금 부족한 게 하나도 없음을 깨달으면 인생이 행복해져요. 침대는 굳이 필요 없어요. 커다란 텔레비전도 굳이 필요 없죠. 진짜 필요한 건 당신을 지켜주고 외부의 온도로부터 당신을 보호해 주는 안전한 구조물입니다. 당신이 필요한 것은 좋은 음식과 음악과 자연과 살아있을 이유를 아는 겁니다. 당신이 살아있음을 느끼게 하는 것이 무엇인지 알아봐요. 삶을 사랑하면, 삶이 당신을 사랑으로 보답할 거예요.

Reliable | 믿을 수 있는

Solitude is not ideal

Working as an artist, I have not been happy. I was free to go any deeper as I wanted with my symbolisms and painting skills. I was free from any stress that may arise from dealing with people that I don't like. No stupid team dinners. No pointless meetings. No waste of time, but to create great art. Yet I was working alone. Being alone can be peaceful, but never happy. I must work in order to be happy. But it must include people. People are happy with people. We are not made to live alone. We just have to find the right company.

Solitude | 혼자임에 만족한 상태 (혼자여도 외롭지 않음)

혼자 사는 것은 이상적이지 않다

예술가로서 일하며 전 행복하지 않았어요. 상징주의와 페인팅 기술에 있어서 얼마든지 깊게 파고들 자유가 있었죠. 사람들을 상대하며 받는 스트레스를 받지 않을 자유가 있었어요. 쓸데없는 회식도 안 해도 되었어요. 불필요한 미팅도 안 해도 되었죠. 시간 낭비할 필요 없이, 그저 위대한 예술을 창조하면 되었어요. 그런데 혼자 작업했어요. 혼자 있으면 평화로울 수는 있지만, 행복할 수는 없더군요. 사람은 일을 해야만 행복해요. 그런데 그 일이 사람을 수반해야 합니다. 사람은 사람과 함께 할 때 행복해요. 우린 혼자 살도록 만들어진 존재가 아니에요. 그저 당신과 맞는 사람들 무리를 찾으면 돼요.

Company | 빵을 나누는 사람들, 식구, 함께 어울리는 사람들

Live your life

Comparing your life with someone else is the source of unhappiness. Don't get jealous. You are you. Carry on with your life. You are not envious of those who graduated from the top universities and succeeded in entering the big corporations. No university teaches how to be happy in life. You are not envious of those who are taller than you. In the history of life on earth, the surviving ones over the millennium have always been the smaller ones. All beings have reasons to exist. You have your own reason to exist in this world. You will most of all, focus on what you have and what you can do better. Focusing on what you can do is the source of happiness.

Carry on | 하던 일을 계속 하다

당신의 인생을 살라

남의 인생과 당신의 인생을 비교하는 것은 불행의 근원입니다. 질투하지 말아요. 당신은 당신이에요. 당신의 인생을 살아요. 최고의 대학교를 나와 대기업에 들어가는데 성공한 사람들을 부러워 말아요. 인생을 행복하게 사는 법을 가르쳐 주는 대학교는 없어요. 당신보다 키 큰 사람을 부러워 말아요. 지구의 수만 년 역사에서 살아남은 종족들은 작은 개체들이었어요. 모든 것엔 존재의 이유가 있어요. 당신에겐 이 세상에 존재하는 당신만의 고유한 이유가 있어요. 당신이 이미 가진 것과 당신이 더 잘할 수 있는 일에 집중해요. 당신이 할 수 있는 일에 집중하는 것이 행복의 근원입니다.

Have | (이미 가진 것을) 갖다
Get | (아직 없는 것을 얻어내어) 갖다

The art of moving forward

Naggers are losers. Those who harass people by constantly finding faults is a sour loser. Don't be a toxic person. You can go with being a non-toxic and harmless person instead. Be benevolent. Be kind. The big-hearted get all the goodness in return, because they deserve it. Happy people make people happy. More people come to you, you come to be wealthier. You harm someone, all you get is getting the harm back. Don't be the pain. Life progresses towards a direction that you choose to act upon.

Harass | 괴롭히다
Sour | 씁쓸함과 실망 또는 분노를 느끼는, 표출하는
Toxic | 유독한
Go with = go for | 선택하다

앞으로 나아가는 기술

타인에게 비판을 늘어놓으며 괴롭히는 사람들은 빈자입니다. 타인의 행동에서 계속 꼬투리를 찾으며 괴롭히는 사람들은 씁쓸한 빈자에요. 그런 독 같은 사람이 되지 말아요. 무해한 사람이 되도록 선택할 수 있어요. 이로운 존재가 돼요. 친절해 봐요. 마음이 넓은 사람은 세상의 좋은 것을 다 받아요. 그럴만한 자격이 있으니까요. 행복한 사람은 타인을 행복하게 해요. 더 많은 사람들이 당신에게 올수록 더 부유해져요. 타인에게 해를 끼치면 되돌려 받는 것은 해뿐입니다. 악인이 되지 말아요. 인생이 흘러가는 방향은 당신의 행동으로 선택해요.

Harmless | 해를 끼치지 않는
Benevolent | 이로운
Piss off | (속어) 꺼져, 누구를 짜증나게 하다
Piss | 오줌

Ephemerality

I adore flowers, more specifically, tulips. A tulip only flowers for a week in a year. For the rest of the year, they are reserved underground as bulbs. The bulb is like a power bank; it creates the one exquisite flower year after year, but only flowers just one tulip at a time. This ephemerality and eternal rebirth fascinate me. It's lovely because it is incomplete. It won't be as charming if it is here with us every single day of the year. Love comes into being from imperfection. Love is perfect in the absence of the being.

Exquisite | (형용사) 아름다움의 극치에 가까운
Eternal | 영원한

덧없음

전 꽃을 경애해요. 특히 튤립을 사랑해요. 튤립은 일 년에 딱 한 주만 핍니다. 나머지 시간에는 땅속에서 구근으로 에너지를 비축해요. 구근은 보조배터리 같아요. 하나의 고결한 꽃을 해마다 피워냅니다. 그런데 한 번에 하나의 튤립만 피워내요. 이 덧없음과 영원한 재탄생이 절 매혹합니다. 완벽하지 않기 때문에 아름다워요. 튤립이 일 년 내내 우리와 함께 했다면 이토록 매력적이진 않을 거예요. 불완전함에서 사랑이 탄생해요. 부재 속에 사랑은 완벽합니다.

Rebirth | 재탄생, 부활
Absence | 멀리 있는 상태, 부재

Autumn

We can't help but to love trees dearly. A life not living among the trees is unthinkable. A year of our life is complete with the full cycle of the tree. If you see the trees attentively in spring, you will spot little buds forming at the tips of the bare branches. In weeks, they flower, telling the world that an active new season has arrived. They then rapidly absorb carbon dioxide and turn them into delicate green leaves. Trees are the only existence who can put carbon into the ground, conditioning the atmosphere ideal for all animals to live in. Men can't do this. Without trees, we are dead. Trees give us this very life. And autumn the golden season ensues. You can't help but to fall in love with the splendour of the mellow leaves.

Attentively | 마음을 다하여
Delicate | 섬세한
Ensue | 뒤따라 일어나다

황금빛 계절

우린 나무와 사랑에 빠지지 않을 수 없어요. 나무 근처에 살지 않는 동물이란 상상도 할 수 없죠. 우리의 한 해는 나무의 주기와 함께 완성돼요. 봄에 나무들을 사랑으로 바라보면 벌거벗은 가지들 끝으로 꽃망울이 송골송골 맺히는 걸 찾을 수 있어요. 몇 주 안에 이 꽃봉오리는 꽃으로 피어나며 세상에 활동적인 계절이 시작되었음을 알립니다. 그러고 나무는 빠르게 이산화탄소를 흡수해 싱그러운 초록 잎으로 만들어요. 나무는 탄소를 땅으로 되돌려보낼 수 있는 유일한 존재예요. 동물들이 살아갈 수 있는 대기로 만들어줍니다. 이것을 인간은 못 하죠. 나무가 없다면 우린 살 수 없어요. 우리에게 생명을 주는 존재는 바로 나무입니다. 그러고는 나뭇잎이 금빛으로 물드는 계절 가을이 이어져요. 원숙한 나뭇잎의 탁월한 아름다움과 사랑에 빠지지 않을 수 없어요.

Can't help but | 어쩔 수 없다, 이러지 않을 수 없다
Splendour | 어탁월한 아름다움, 장관, 웅장함, 원대함
Mellow | 기분좋게 부드러운, 원숙한

Now or never

This moment exists only for the moment and never comes again. All that befalls lasts for the moment. All that brightens up is momentary and yet lingers in our memory to become momentous. Life is a collection of delightful moments. A few magical moments power us through. This is what we live for. So a happy attitude towards life is: now or never. Live now.

Moment | 순간
Momentary = a brief time
Momentous = of great importance

지금이 아니면 다음은 없다

지금 이 순간은 이 순간만 존재하고 결코 다시 돌아오지 않아요. 안 좋은 일들도 그때뿐입니다. 좋은 일들도 잠시만 머물고 우리의 기억 속에서 영원히 남아요. 인생은 이 기쁜 순간들의 모음입니다. 마법 같은 순간들 몇 가지가 인생을 나아갈 힘을 줘요. 이것을 위해 삽니다. 삶을 대하는 행복한 태도란 바로 이것입니다. 지금이 아니면 다음은 없음을 아는 것. 지금을 사는 것.

Befall | (나쁜 일이) 일어나다
Brighten up | 밝게 하다

The power of self-talk

My life is made of my choices. It comes down to the choices as small as self-talks I do to myself today and everyday: What do I say to myself? We become what we think. Our thoughts are our chatters. Whatever you tell yourself, yourself believes it. Your strong belief comes true. When you are miserable, it is probably because you talk miserably to yourself. When you are invincible in unfavourable situations, it is mostly likely because you talk to yourself invincibly. Want a happy life? Talk positively and kindly to yourself.

Chatter | 시시콜콜한 잡담
Miserable | 굉장히 불행하거나 불편한

혼잣말의 위력

인생은 선택의 집결입니다. 그 선택은 오늘 그리고 매일 당신에게 하는 혼잣말까지 작은 선택을 포함해요. 자신에게 뭐라고 말하나요? 생각대로 되는 게 인간입니다. 당신의 생각은 당신의 혼잣말이에요. 자신에게 뭐라고 말하든 자아는 그것을 믿어요. 강하게 믿는 것은 시현됩니다. 비참하다면 그건 아마도 자신에게 비참하게 말해서 그럴 거예요. 불리해 보이는 상황에서 굳건하다면 그건 아마도 자신에게 그렇게 말해서 그럴 것입니다. 행복하고 싶은가요? 자신에게 긍정적이고 친절하게 말해보세요.

Invincible | 너무나 강력해서 무너뜨릴 수 없는
Unfavourable | 호의적이지 않은, 불리한

Happy me, happy world

I shall treat myself with kindness. I shall talk to me with love. The best friend is not some other person. Other people can change beyond my intentions. The true best friend is my self. I shall treat myself as if I would treat my favourite people. Before I treat my parents or those I am grateful for, I shall pay myself first. The world is happy when I am happy.

내가 행복하면 세상이 행복하다

나는 나 자신을 친절로 대할 겁니다. 나 자신에게 사랑으로 말할래요. 최고의 친구는 다른 사람이 아니니까요. 타인은 나의 의도와 다르게 바뀔 수 있어요. 진정한 베프는 나 자신입니다. 내가 가장 좋아하는 사람들을 대하듯 나 자신을 대할 거예요. 부모님이나 내가 감사한 사람에게 보답을 하기 전에, 나 자신에게 먼저 상을 줄 거예요. 내가 행복하면 세상이 행복해요.

Stress is good for you

Whatever you do, it has to give you some level of stress. Otherwise, there is no personal growth. Imagine a computer game without challenges. What fun is there to play it? We are made to use our mind to solve problems. Jobs and tasks that give you a healthy level of stress can make you grow wiser and maturer. Once you deal with the work that has given you stress, you become capable of dealing with works of that kind. You become able. You become more professional. You become savvy. Then the value of your time increases. You make more money. You gain more choices that you never had before. So, enjoy stress.

스트레스는 몸에 좋다

무엇을 하던, 그 일은 스트레스를 만들어요. 스트레스가 없다면 성장도 없어요. 극복할 문제가 없는 게임이 있다고 생각해 봐요. 그 게임이 재미있나요? 우리 머리는 문제를 해결하기 위해 만들어졌어요. 직업과 업무는 당신이 더 현명하고 성숙하게 성장하도록 건강한 수준의 스트레스를 만듭니다. 당신에게 스트레스를 주는 일을 다루고 나면 그런 일을 해낼 수 있을 만큼 당신의 그릇이 커져요. 더 능력 있는 사람이 돼요. 더 프로다운 사람이 됩니다. 일머리가 커져요. 당신의 시간 가치도 올라갑니다. 더 많이 벌어요. 지금까지 가졌던 선택지와는 비교할 수없이 많은 선택을 갖게 됩니다. 그러니 스트레스를 즐겨요.

Wealth is having the wealth of choices

The definition of success is having choices. When you reach a point where you can choose not to do certain things that make you unhappy, then this is a point you can say that you have made it. When you are successful, you don't have to suffer fools. You can say no. And be fine with the consequences. Is this why we should strive for success? Yes and no. We are to be tolerant; understand those who are different from us. Wealth comes from being good at what I do. If we are very good at our trade, then it is a benefit for the other people—our community, our world.

부는 곧 선택의 부다

성공의 정의는 선택을 가진 것입니다. 당신을 불행하게 하는 것을 안 할 수 있는 선택을 가진 수준에 이르면, 그를 성공한 상태라고 할 수 있어요. 성공적인 사람이 되면 당신과 말이 통하지 않는 사람들을 상대하지 않아도 됩니다. 싫은 건 거절할 수 있어요. 그러고도 괜찮을 수 있어요. 이게 성공을 좇을 이유일까요? 맞기도 하고 아니기도 합니다. 우리는 다름을 포용할 줄 알아야 해요. 당신과는 다른 사람을 이해할 아량이 있어야 해요. 부는 당신의 일을 잘하는 것으로 이룰 수 있어요. 당신의 업으로 뛰어나면 그게 다른 사람에게도, 우리 사회에도, 전 세계에도 이익이 됩니다.

Tolerant | 다름을 견디는, 나와 다른 의견이나 사람에 대해 포용력 있는

Meaning of life

Happiness and unhappiness are clues to learn about your reason for being. Knowledge of the self begins from knowing what you like and what you don't like. Choose not what makes you unhappy; go for what makes you happy. The further you go with what makes you happy, you will learn who you really are. Know yourself, know your happiness. This is how you define your own meaning of life.

내 삶의 뜻

행복과 불행은 삶의 뜻을 알아낼 단서입니다. 당신에 대한 앎은 당신이 무엇을 좋아하고 무엇을 안 좋아하는 지로부터 얻을 수 있어요. 당신을 불행하게 하는 것을 선택하지 말고, 행복하게 하는 것에 마음을 다해요. 행복하게 하는 것을 오래 끌고 가보면 당신이 누구인지를 알게 될 거예요. 자신을 알아요. 당신의 행복을 알아야 해요. 이게 인생의 의미를 정의하는 방법입니다.

Meaning | 의미, 뜻, 취지, 목적, 의도, 의의

Destined to be happy

All living things in the universe may not have a reason to exist. But as an intelligent species with awareness, believing that we have a reason for being helps to live a content life. Without an aim, we get lost. With a clear aim, we know where we are, and what to do. You don't have to have a dream. But a clear goal in your mind clearly helps you to live a happy life. A whale with a goal is destined; one without it is lost.

Species | 종

행복할 운명

우주의 모든 것에 존재의 목적이 있지 않을지도 몰라요. 그러나 인지할 수 있는 지적인 생명체로서, 당신이 살아있는 목적이 있다는 믿음은 만족스러운 삶을 사는 데 도움이 돼요. 목적지가 없으면 우린 길을 잃어요. 분명한 목적이 있으면 우린 지금 어디에 있는지 알 수 있고 무엇을 해야 할지 알 수 있어요. 꿈이 있을 필요는 없어요. 그러나 명확한 목표는 행복한 삶을 사는 데 분명한 도움이 돼요. 갈 곳이 있는 고래는 저만의 운명이 있어요. 갈 곳이 없는 고래는 이리저리 방향 없이 헤매요.

Aim | 목표
Destined | 이미 정해진 운명에 따라 나아가는

Everything is connected to each other

Genius thinks in conjunction with seemingly different things. Fools think in separation of things. True intelligence is connecting disparate entities. The incapable don't have the vision to see the similarities between things. Only the visionary sees it. Yet the whole nature is interrelated. The world is originally one. It's the humans who break them down into categories. As all noteworthy achievements are built upon integrity, the wholeness must be addressed. Every element is connected. With one missing bolt, the machine will eventually break apart. Find connections. Make connections. Magnificence is brought into existence by virtue of association.

Seemingly | 겉으로 보기에
Disparate | 본질적으로 다른
Entity | 개별 독립체
Vision | 다른 사람들이 보지 못하는 것을 보는 능력 (상상이나 지혜로)

모든 것은 연결되어 있다

천재는 서로 달라 보이는 것들에서 연결고리를 보는 사람입니다. 바보는 각각 구분해서 봐요. 진정한 지성은 각기 다른 개체를 서로 연결해요. 무능한 머리는 그 연결고리를 볼 비전이 없어요. 이것은 비저너리의 영역입니다. 그러나 자연은 모두 서로 연결되어 있어요. 세상은 본래 하나예요. 각기 다른 분류로 구분하는 건 인간이 하는 일이죠. 남다른 업적들은 모두 하나됨에 기반하므로, 각기 다른 부분들이 따로 놀지 않고 조화롭게 하나를 이루는 상태를 이루도록 나아가야 해요. 모든 요소는 연결되어 있어요. 하나의 볼트라도 빠진다면 기계 전체가 고장 날 거예요. 공통점을 찾아요. 서로 결합해요. 숭고하고 장엄한 아름다움은 연결 지어 생각하는 데서 탄생해요.

Visionary | 그런 사람
Integrity | 정직, 진정성, 하나됨 (따로 떨어지지 않은 상태)
Wholeness | 완전하고 조화롭게 하나를 이루는 상태
Address | (동사) 생각해보고 다루기 시작하다

Rethinking Wealth

What is wealth? Having millions in your bank account? Would you be happy with this? It certainly gives you peace of mind. Money can buy you flashy excitements that do not last more than a few days. Even when you buy the best apartment in the country, you get used to it and lose gratitude. When you buy your dream car, the joy is only transient. Monetary wealth does not move you to catharsis. But if you think differently about wealth as how many people you touch with your existence, the story of life changes. You will be well off because you help so many people. Money will follow. And beyond that, you will feel an incredible sense of reward from the people you touch. Do something good for the world, and you will be wealthy and content.

Flashy | 허세스럽게 주목을 끄는
Transient | 일시적인, 덧없는

부의 재해석

부란 무엇인가요? 은행에 수십억 원을 가진 것? 그걸로 행복할까요? 분명 마음의 평온은 느낄 것입니다. 돈으로 살 수 있는 것은 며칠 가지도 않는 눈에 띄는 장난감이에요. 나라에서 가장 좋은 아파트를 사더라도, 머잖아 그 공간에 익숙해져 감사하는 마음을 잊게 돼요. 드림카를 사도 그 즐거움은 짧아요. 돈과 관련한 부는 카타르시스를 주지 않아요. 그런데 부에 대한 생각을 바꿔 당신의 존재로 하여금 얼마나 많은 사람들에게 영향을 끼칠 것인지를 고민해 본다면 인생이 바뀔 겁니다. 많은 사람들에게 도움이 되기 때문에 잘 살게 돼요. 돈은 자연히 따라와요. 그 이상으로 당신이 돕는 사람들로부터 형언할 수 없는 보람감을 느낄 겁니다. 세상을 위해 좋은 일을 해봐요. 그러면 부자는 물론 영적인 만족에 이릅니다.

Move | 감동시키다
Catharsis | 카타르시스, 감정 정화
Touch | 닿다, 이르다, 감동시키다

Let go and hold on

Stop regretting the past. Stop fearing the future. This is my favourite day: today. Today is all you have. Make the most of it. Make it worth living. Make it worth remembering. Make it count towards your purpose. Then all is well.

놓아주고 붙잡고

과거를 후회하지 말아요. 미래를 걱정하지 말아요. 지금이 가장 좋아하는 날이에요. 오늘. 오늘이 당신이 가진 전부입니다. 오늘을 온전히 만끽해요. 오늘을 살 가치가 있게 만들어요. 오늘을 기억할 가치가 있게 만들어요. 당신의 존재 이유를 위해 오늘을 잘 써요. 그러면 모든 것이 잘될 거예요.

Doing your job properly is the finest morality

Basic means essential foundation. Basic means what you must have prior to anything you do. Basic morality is doing your job properly. When each of us does our job correctly, our community works just fine like a precise timepiece. Bees exist to serve a function. Flowers are there to serve a function. You are born to serve a function for the world. When bees don't do their job, the world is in trouble. When public officers lose their moral sense, the community falls into an unliveable place. You have a job you are meant to be doing. Every existence in Nature has. Do it. And the world is well.

Morality | 옳고 그름이나 좋고 나쁜 행동에 대해 구분하는 원칙
Precise | 정확한

자기 일을 잘하는 게 세상을 위한 것이다

기본이란 본질적인 토대를 의미해요. 기본이란 무언가를 시작하기 전에 반드시 갖춰야 하는 것을 말해요. 기본 도덕은 자기 일을 제대로 하는 겁니다. 우리가 각자의 일을 제대로 하면, 우리 사회가 정확한 시계처럼 잘 작동해요. 꿀벌은 이 세상에서 자기만의 기능을 수행하기 위해 존재해요. 꽃도 자기만의 역할을 다하기 위해 존재합니다. 당신도 당신의 역할과 기능을 하기 위해 이 세상에 존재해요. 꿀벌이 자기 일을 안 하면 전 세계는 큰 문제에 빠질 겁니다. 공무원과 정치인이 도덕적 감각을 잃으면, 우리 사회가 살기 안 좋은 곳으로 전락해요. 당신이 해야만 하는 운명적 역할이 이 사회에 있어요. 자연의 모든 존재에게 있어요. 그것을 해요. 그러면 세상은 살만할 거예요.

Timepiece | 시계
Essential | 본질, 정수, 반드시 필수, 극도로 중요
Prior to | 전에

Maturation

I used to like only a few colours. I was a red, gold and black person. After working as an artist for some time, my perceptions have been expanded. I've come to see the beauty in all colours. I can say I like all colours now. As your mind matures, you see beauty in every being on earth. There needs to be ugly and rude people, in order for the lovely and courteous to shine. You need matt black for the gold to stand out. You need shades to pop things out. Nature needs insects for birds to feed on. World needs diversity to sustain itself. Maturation accepts everything, even death. Embrace the full colours of this world.

Stand out | 두드러지다, 뛰어나다
Diversity | 다양성

성숙

전 두어 개의 색깔만 좋아했었어요. 빨강, 금 그리고 검은색 사람이었죠. 예술가로 꽤 일을 하고 나니 인식이 확장되었어요. 모든 색깔에 담긴 아름다움을 볼 수 있게 되었어요. 이제는 모든 색깔을 좋아해요. 사람은 성숙해지며 지구상의 모든 존재에서 저마다의 아름다움을 발견할 심미안을 얻게 됩니다. 추하고 무례한 사람들이 있기 때문에 아름답고 친절한 사람들이 빛날 수 있어요. 금빛이 도드라져 보이려면 무광 검정이 필요해요. 그림이 생동감 있게 살아나려면 그림자를 넣어야 해요. 벌레가 있어야 새들이 먹고살 수 있어요. 세상은 다양성이 지탱해요. 성숙은 모든 것을 받아들이죠. 죽음마저도요. 모든 빛깔을 품에 들여봐요.

Sustain | 지지하다
Embrace | 끌어안다, 포용하다

Final touches

Life is a vessel. The captain is my mind. My enterprise sails towards where my mind points at. Hence my thoughts become a reality. Focus on saving, the ship sinks. Focus on earning, the ship floats. Focus on being and doing, the ship moves. Focus on an aspiration, you will get there. Fear comes from ignorance. Get the information and knowledge you need to gain your happiness. Happiness is attainable. After all, life is a perfect balance of happy and unhappy. As with day and night, it's your choice what time you get active. Change is a law of nature. World changes. You can change. You can be the next protagonist of the time. In the times of change, there always are opportunities for you to rise above the sea level.

Enterprise | 사업, 회사
Aspiration | 무언가를 이루길 바라는 희망이나 야망, 지향점

마무리 손길

인생은 배에요. 선장은 당신의 마음입니다. 이 배는 마음이 가자는 곳으로 갈 거예요. 고로 당신의 생각이 곧 현실이 됩니다. 아끼는 데 집중하면 배가 침몰해요. 버는 데 집중하면 배가 뜹니다. 살아있음과 과정에 집중하면 배가 움직여요. 지향점에 집중하면 그곳에 다다를 거예요. 모르기 때문에 두려워요. 행복하기 위해 필요한 정보와 지식을 얻으면 돼요. 행복은 가질 수 있어요. 결국 인생은 행복과 불행의 완벽한 조화죠. 낮과 밤처럼, 둘 중 어느 시간대에 깨어 있는지는 당신의 선택이에요. 변화는 자연의 법칙이에요. 세상은 바뀝니다. 당신도 바뀔 수 있어요. 다가오는 세상의 주인공이 될 수 있어요. 변하는 세상에는 당신이 떠오를 수 있는 기회가 항상 있어요.

Attainable | 이룰 수 있는
Protagonist | 주인공
Sea level | 해수면

Postscript

Koreans are awe-inspiring. We are resilient. We work the hardest. We are strong. We are entrepreneurial. We can learn. We can certainly change. We are adaptable. We have a good taste. We take the midway. We have a thirst for learning. This all means we have tremendous hope. We can get through this. We can be happy. Just change the perspective. And all the joy is yours.

Awe-inspiring | 장엄한 광경을 보았을 때 느끼는 경외심을 느낄 정도로 놀라운
Resilient | 힘든 상황을 견디거나 그로부터 빠르게 회복할 수 있는, 회복탄력성이 있는
Midway | 중도

추신

한국인은 놀라워요. 우리는 굴하지 않죠. 우리는 어느 민족보다도 열심히 일해요. 우리는 강인합니다. 우리는 사업가적이에요. 우리는 배울 줄 알아요. 우리는 얼마든 변화할 수 있어요. 우리는 변하는 환경에 적응할 수 있죠. 우리는 취향도 좋아요. 우리는 극단을 지양하고 중도를 걸어요. 우리는 배움을 갈망해요. 이 모든 것이 우리에겐 광활한 희망이 있음을 증명합니다. 우리는 지금의 어려움도 이겨낼 수 있어요. 우린 행복할 수 있어요. 그저 관점을 바꿔봐요. 그러면 삶의 기쁨은 모두 당신의 것입니다.

Entrepreneurial | 이윤을 얻기 위해 금전적 리스크를 질 수 있는 (극도의 레버리지로 부동산을 취득한다던가, 자영업을 한다던가, 하나의 커리어로 안정적인 생활을 꾸리기보다는 사업을 해도 괜찮다는 성향)

영어필사책
| 행복을 시현하다

개정판 1쇄 발행 2025년 3월 24일

지 은 이 | 아우레오 배
펴 낸 이 | 김병호
표지 디자인 | 아우레오 배, 서진솔
내지 디자인 | arti.bee
발 행 처 | 주식회사 바른북스
출판등록 | 2019년 4월 3일 제 2019-000040호
주　　소 | 서울 성동구 성수이로 70, 5층 (성수동2가, 성화빌딩)
전　　화 | 070-7857-9719
팩　　스 | 070-7610-9820
이 메 일 | barunbooks21@naver.com
홈페이지 | www.barunbooks.com

값 17,700원

ISBN 979-11-7263-284-7 (13740)

이 책은 저작권법으로 보호받는 저작물입니다.
(저작권자의 동의를 받으면 이 책 전부 또는 일부를 이용할 수 있습니다.)